COMO COMPRENDER
LOS CONCEPTOS BASICOS
DE LA ECONOMIA

COMO COMPRENDER LOS CONCEPTOS BASICOS DE LA ECONOMIA

John Charles Pool
Ross M. LaRoe

Traducción
Gisela Wulfers de Rosas

GRUPO
EDITORIAL
norma

Barcelona, Buenos Aires, Caracas, Guatemala, México, Miami, Panamá, Quito,
San Juan, Santa Fe de Bogotá, Santiago de Chile, Sao Paulo.

Edición original en Inglés:
THE INSTANT ECONOMIST
De Jhon Charles Pool y Ross M. LaRoe.
Una publicación de Addison-Wesley Publishing Company
Reading, Massachussetts 0 1867, U.S.A.
Copyright © 1985 por John Charles Pool y Ross M. LaRoe.

Directora editorial, Maria del Mar Ravassa G.
Editor, Armando Bernal M.
Jefe de edición, Nancy Z. de Ujfalussy
Diseñador de cubierta, Humberto Molina

ISBN: 958-04-3938-9

*A aquéllos que nos apoyaron con
infatigable entusiasmo:
Betty, Mike y Laura Linda
Karen, Joe, Lee y Bob
y, desde luego, Joven*

Agradecimientos

Debemos mencionar con gratitud los esfuerzos de los numerosos estudiantes y gerentes en ejercicio que dedicaron tiempo a revisar y comentar los primeros borradores del manuscrito. Entre muchos otros, apreciamos especialmente la cuidadosa crítica de Skip Beaver y Ted Colucci, del Chase Lincoln First Bank; James Carnall, de Eastman Kodak; Steve Lansing y Michael Wierzbicki, de la Xerox Corporation; Leonard DeWeerdt, de Hartman Allis-Chalmers; David Brown, de Rochester Products (GM); Robert Butler, del Rochester Business Institute; Robert Tinney, de Rochester Telephone; Susan Gatten, de Harding Foods; Mary Jane Fisher, de *U.S.A. Today*; y John LaRoe, del *Kansas City Times*.

También queremos agradecerles sus reflexivos comentarios y su ayuda a los profesores Stephen C. Stamos, Jr., y Frank Slavik, de la Universidad Bucknell; Ivan Weinel, de la Universidad Bradley; Philip S. Thomas y Frederick R. Strobel, del Kalamazoo College; Raymond E. Alie, de la Universidad Western Michigan; y Martin Naparsteck, del Empire State College (SUNY).

Finalmente, deseamos expresarles nuestro agradecimiento a Carol Calacterra, a Xarifa Greenquist y a Kalia Westerman por su colaboración en la lectura y las correcciones de pruebas de varias secciones del manuscrito.

Nosotros somos, desde luego, los responsables de los errores y las omisiones que, indudablemente, aún quedan.

Nos permitimos recordarles a nuestros colegas profesionales — quienes, suponemos, señalarán los muchos detalles y explicaciones pormenorizadas que hemos omitido — que la mejor forma de evaluar algunas decisiones es en el mercado mismo.

JCP

RML

Acababa de terminar mi máster en administración de empresas y estaba preparándome para trabajar como gerente. Un buen día estaba hablando con mi padre acerca de su empresa. A los pocos minutos vi que estaba moviendo su cabeza con preocupación.

— En realidad no tienes la más remota idea de lo que significa la economía.

— Pero me fue bien en todos mis cursos en la escuela de administración — protesté.

— Eso no quiere decir nada — dijo —. Todo lo que te enseñan de economía en la escuela es matemáticas. Un gerente necesita entender el significado básico de la economía, porque no se puede ser un buen gerente sin ser un buen planificador, y no se puede ser buen planificador si no se entiende en qué forma la economía afectará a una empresa.

— Mira — dijo, escribiendo algo en un pedazo de papel —: Quiero que vayas a la universidad a ver a este hombre. Es un antiguo profesor mío de la escuela de graduados. Dile que te explique lo que un gerente debe saber sobre economía. Dile que eso no le quitará mucho tiempo...

1

Lo que todo gerente
necesita saber acerca de
la macroeconomía

El edificio era de ladrillo, cubierto de hiedra. Eso no me extrañó. Las escaleras me llevaron rápidamente al segundo piso. "Número dos — catorce en Gleason Hall", me había dicho mi padre.

Sr. Marshall, decía el aviso. La puerta estaba cerrada. Llamé, sintiéndome algo tonto, pero decidido a llevar a cabo mi cometido, aunque había sido idea de mi padre.

— Entre —, dijo una voz bastante suave —. ¿En qué le puedo ayudar, Sr. Smith?

La oficina era casi espartana — un sofá, unos pocos asientos, un par de estantes para libros y algunos libros: *La riqueza de las Naciones* de Adam Smith, *El Capital* de Karl Marx, *La teoría general* de John Maynard Keynes. El resto parecía estar relacionado con las matemáticas. Se sentó ante un imponente escritorio, al lado del cual se veía algo que parecía como un terminal de computador, y se puso a juguetear con una pipa. Esto me lo había imaginado. No así el televisor en un rincón.

— Mi padre fue alumno de usted, señor. Tal vez lo recuerde. James Smith, de la clase del año 53.

— Sí, claro está — asintió —. Fue uno de mis mejores estudiantes. Le va muy bien en los negocios, ¿no es cierto?

— Sí, señor. Es el presidente de Abbot y Pierce.

— Lo sé — me dijo —. Pues bien, ¿en qué puedo ayudarle?

— Bien, señor, acabo de terminar mi máster en administración de empresas y estoy a punto de comenzar mi primer empleo, como gerente, así lo espero. Pero mi padre piensa que no sé lo suficiente acerca de economía. Me dijo que eso no le quitaría mucho tiempo a usted. Por lo tanto lo que quiero preguntarle, señor, es esto: ¿Qué es lo que un gerente necesita saber de economía?

Parecía divertido.

— ¿No estudió eso en su universidad?

— Bueno, sí. Y me fue muy bien en mis cursos — le respondí, comenzando a sentirme un poco incómodo —. Pero mi padre cree que no aprendí mucho de economía. Dice que sólo me enseñaron matemáticas.

— Bueno, probablemente usted aprendió las matemáticas de la economía, y no el significado de la economía en sí misma. Es fácil perder de vista el bosque por estar mirando los árboles. Así que su padre tiene razón. Para ser un buen gerente hay que entender de qué trata la economía.

Hizo una pausa, y luego me preguntó:

— ¿Trajo algo en qué escribir?

— Sí, señor — le dije mientras tomaba un bloc amarillo.

— Ahora bien, no escriba a menos que yo se lo diga — dijo con firmeza, pero en tono amistoso —. Hay tres áreas de la economía que un gerente debe entender. Una es la macro, otra la micro y, la última, la internacional. Escriba eso.

HAY TRES ÁREAS DE LA ECONOMÍA

QUE TODO GERENTE DEBE ENTENDER:

MACRO, MICRO E INTERNACIONAL.

— Y — agregó — usted no puede entender una de ellas si no entiende las otras.

Puso entonces los pies sobre el escritorio y fijó la vista en el cielo raso. Luego prosiguió:

— Comencemos con la macroeconomía. En cierta forma, es la más fácil de entender. Esto puede ser porque los problemas macroeconómicos salpican toda la primera página de los periódicos y reciben mucho cubrimiento en la televisión. Los temas de la macroeconomía son la inflación y el desempleo. La macro tiene que ver con el nivel general de la actividad económica.

Dicho esto, paró un momento para sopesar su pipa. Enseguida agregó:

— Keynes, John Maynard Keynes, es el padre de la teoría macroeconómica moderna. Su libro, *La teoría general*, está en ese estante. ¿Lo ve? Es aquél, el de la cubierta de color amarillo y negro empolvada.

Cuando yo comenzaba a asentir, me dijo:

— Tómelo y léame el primer capítulo.

Fue grande mi sorpresa cuando vi que el primer capítulo constaba de una sola página. Aclarando la garganta, leí:

He llamado este libro la *Teoría general del empleo, el interés y el dinero*, poniendo énfasis en el vocablo *general*. El objeto de tal título es contrastar el carácter de mis argumentos y conclusiones con los de la teoría *clásica* del tema, con la cual me crié y la cual domina el pensamiento económico de las clases gobernantes y académicas de esta generación, como lo ha hecho durante los últimos cien años. Argumentaré que los postulados de la teoría clásica son aplicables solamente a un caso especial y no al caso general, y que la situación que ésta supone es un punto que restringe las posibles posiciones de equilibrio. Además, resulta que las características del caso especial supuesto por la teoría clásica no son las de la sociedad económica en que vivimos en la actualidad, lo cual da por resultado que su enseñanza es engañosa y desastrosa si tratamos de aplicarla a los hechos de la experiencia.

— Supongo — dije — que si entiendo cuál es el caso general y cuál el especial podré figurarme lo que él estaba diciendo.

— Correcto. Ese es, precisamente, el problema — dijo el Profesor Marshall. Puso su pipa en el escritorio y se inclinó hacia adelante en su silla. Luego dijo:

— Debe usted saber que cuando Keynes escribió, las economías de todas las naciones occidentales se hallaban en medio de la depresión más larga y más profunda de todos los tiempos. En efecto, fue tan larga y tan profunda que llegó a ser conocida como "La Gran Depresión", como usted probablemente lo sabe. La economía clásica, que tal como Keynes lo indicó, dominó el pensamiento de las "clases gobernantes y académicas" de la época, sostenía que algo así era imposible. De acuerdo con los economistas clásicos, el desempleo era un problema que se corregía por sí mismo. Ellos consideraban que el mercado laboral era como cualquier otro mercado, y pensaban que el desempleo, al cual veían como un excedente de mano de obra, se corregiría automáticamente por la interacción de la oferta y la demanda. Es decir, si había desempleo, entonces el precio de la mano de obra — los salarios — caerían hasta el punto en que fuera rentable para los empleadores contratar más gente. Por tanto, el desempleo era teóricamente imposible.

— Ah, no estoy seguro de haber captado eso — balbucí sintiéndome mal.

— Mire: Si usted estuviera desempleado, ¿no sería lógico esperar que fuera a la fábrica más cercana y dijera: "Le trabajaré por un salario más bajo que el que gana su trabajador peor remunerado"? ¿Y no sería igualmente lógico esperar que en esas condiciones lo contrataran?

— Sí, supongo que sí.

— Entonces, jamás podría haber desempleo. Los salarios caerían hasta el punto en que todos estuvieran empleados. El punto de Keynes era que esto no sucede en el mundo de la realidad. Los salarios no son flexibles hacia abajo por razón de los límites institucionales, los sindicatos, la tradición, y por el hecho de que cuando la gente se acostumbra a cierto salario, rehúsa un empleo con menor salario. Por eso Keynes argumentaba que el pleno empleo era un caso especial. Para que la economía opere a pleno empleo, si es que podemos suponer que el pleno empleo es un estado deseable, se requieren acciones conscientes de política por parte del gobierno. Así que, escriba esto:

PUESTO QUE LOS SALARIOS NO TIENDEN

A SER FLEXIBLES HACIA ABAJO,

EL DESEMPLEO ES EL CASO GENERAL.

Pensé que comenzaba a captar el punto. Pero él siguió hablando.

— Y hay más: Si usted está desempleado, no está produciendo. De tal modo que la economía no estará operando a plena capacidad. Pero, igualmente importante es el hecho de que usted no está comprando. Por lo tanto, cuando está desempleado, también está por debajo de su consumo. Esto era importante en los tiempos de Keynes, y hoy en día es más importante aún, pues cada vez más empleados están siendo reemplazados por robots y por computadores. He aquí una idea que no creo que vaya a olvidar: Los robots pueden hacer un automóvil, pero nunca comprarán uno. Escriba eso.

LOS ROBOTS PUEDEN HACER

UN AUTOMÓVIL, PERO

NUNCA

COMPRARÁN UNO.

Tenía razón. Eso es algo que difícilmente olvidaré.

— Ahora volvamos a Mr. Keynes y su problema — dijo —.
El vivía en una época de desempleo prolongado. Toda la
economía que él había conocido le decía que el desempleo era
solamente un excedente en el mercado laboral. De tal modo
que el desempleo, como cualquier otro excedente, se corregiría por sí mismo. La competencia por puestos de trabajo
entre los trabajadores desempleados reduciría los salarios, y
con el tiempo se restablecería el pleno empleo. Sin embargo,
el desempleo seguía. La teoría económica y la realidad económica estaban en conflicto. En realidad, la economía clásica le formuló a Keynes una pregunta que Marx — Groucho
Marx — también formuló: "¿A quién le vas a creer: A mí o
a tus propios ojos?" Así que lo que Keynes hizo fue desarrollar una nueva teoría, su *teoría general*, para explicar qué
determina el nivel general de empleo.

— ¿Y cómo funciona eso? — le pregunté.

— Bueno, piense que la economía es como una bañera —
contestó —. Usted se baña a veces, ¿no es cierto?

— Claro que sí.

— ¿Ha comenzado alguna vez a llenar su tina — una vez
que ha logrado la temperatura correcta del agua — y se ha
ido a hacer alguna otra cosa, para volver más tarde y encon-
trarla vacía?

— Sí, una o dos veces.

— ¿Qué pasó?

— Se me había olvidado cerrar el desagüe — dije, sintiéndome algo tonto.

— Sí, continúe.

— Pues bien, el desagüe no estaba cerrado y el agua salió tan rápido como estaba entrando por la llave.

— Exactamente. Si usted comienza con una bañera vacía y la pone a llenar a la misma velocidad que se desocupa, terminará con una bañera vacía. Si usted comienza con algo de agua en la tina y le agrega más agua al mismo ritmo que ésta sale, el nivel de agua seguirá igual, ¿no es cierto?

— Sí. Lo he hecho algunas veces. Cuando el agua comienza a enfriarse. Abro algo el desagüe para que salga un poco y le agrego agua caliente... Tartamudé y me detuve, por temor a contarle acerca de mis hábitos de baño más de lo que él quería saber.

— Eso es maravilloso — dijo con algo de sarcasmo — porque usted puede considerar a nuestra economía como una bañera parcialmente llena de agua. Su experiencia práctica con esto será muy útil. Luego se recostó en su silla, riendo entre dientes.

— Vamos a suponer que esta bañera tiene *dos* llaves de entrada y *dos* desagües. El nivel del agua en la bañera representa el nivel de actividad económica o el nivel de empleo. Cuando la bañera esté llena de agua, a eso lo llamaremos pleno empleo, o el nivel de pleno empleo de la actividad económica. Si la economía de los Estados Unidos estuviera en pleno empleo, esto significaría cerca de ciento veinte millones de empleos, unos cuantos millones más o menos.

— Ahora bien — continuó —, si la cantidad de agua que entra por las dos llaves es igual a la que sale por los dos desagües, el nivel del agua en la tina permanecerá constante, ¿no es cierto?

— Sí, señor, así sería.

— Suponga que usted quiere más agua en la tina. ¿Qué haría para que el nivel de agua subiera?

— Bueno, supongo que podría, o bien abrir más las llaves para que el agua entrara más rápidamente, o bien cerrar algo los desagües para que se saliera más lentamente. ¿Correcto?

— Correcto. Ahora, suponga que en la bañera hay más agua de la que usted quiere. ¿Cómo podría reducir el nivel del agua?

— O bien cerrando las llaves un poco para que el agua entre más lentamente, o bien abriendo los desagües para que salga más rápidamente.

— Correcto. Y es muy parecido a lo que el gobierno hace para controlar el sistema económico. Puesto que el gobierno puede influir en varios flujos de gasto en la economía, también puede influir en el nivel global de actividad económica, en la misma forma en que nosotros podemos influir en el nivel del agua en nuestras bañeras jugando con las llaves y los desagües. Keynes sostenía que el nivel general de actividad económica está determinado por el nivel general de gasto. El gobierno puede influir en los gastos de consumo y de inversión a través de sus políticas sobre impuestos y tasas de interés, así como gastando dinero él mismo. De modo que el gobierno está en capacidad de controlar la economía influyendo en el nivel general de los gastos de consumo, de los gastos de inversión y de los gastos del gobierno. Escriba eso.

EL GOBIERNO CONTROLA LA ECONOMÍA

INFLUYENDO EN EL NIVEL GENERAL

DE LOS GASTOS DE CONSUMO,

DE LOS GASTOS DE INVERSIÓN

Y DE LOS GASTOS DEL GOBIERNO.

Un Enfoque Tipo Bañera
Aplicado
a la
Macroeconomía

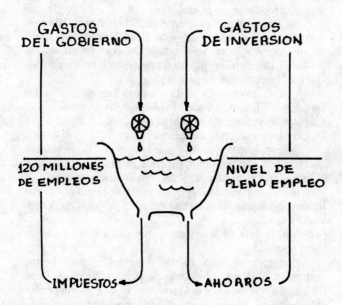

Dicho esto, miró alrededor de su escritorio por un momento. Luego, escarbando en su cesta de papeles, sacó un sobre.

— Ahora imagínese — dijo mientras dibujaba una bañera en el respaldo del sobre — que un poco de agua sale por uno de los desagües. Llamémosla ahorro. ¿Qué sucederá?

— El nivel de agua en la tina bajará — dije, sintiéndome algo más seguro de mí mismo.

— Sí, claro. ¿Y qué pasa en el mundo real si los ahorros se filtran fuera del sistema? ¿Qué pasa si usted toma parte de su salario y lo esconde debajo del colchón en vez de gastarlo? ¡Alguien, en alguna parte, pierde su empleo! — agregó, respondiendo su propia pregunta.

— Pero yo no escondo mi dinero extra bajo el colchón. Lo pongo en el banco. ¿Acaso el banco no lo presta? — dije, recordando vagamente un curso que había tomado sobre dinero y banca algunos años atrás.

— Bueno, puede que sí y puede que no. Seguramente querrá prestarlo, pero todo depende de si hay alguien que quiera tomar el préstamo. Si alguien lo toma y el dinero es invertido — o inyectado nuevamente a la economía — entonces otro empleo será creado y el nivel del agua en la tina seguirá igual.

Señaló la llave de la inversión que había dibujado en el sobre y agregó:

— Hay más de una fuente de empleos en nuestra economía. Si usted trabaja en una tienda de víveres, tiene un empleo que depende del consumo, el cual podría perder si la gente no compra víveres. Pero si usted trabaja en construcción, construyendo nuevos almacenes de víveres, su empleo dependerá de la inversión. Usted perderá el empleo que depende de la inversión si alguien considera que no será buen negocio hacer la inversión. Que la gente decida invertir o no, depende de las tasas de interés. Las altas tasas de interés desestimulan la inversión, mientras que las bajas tasas de interés estimulan a la gente a invertir. Anote eso.

EL COMPORTAMIENTO DE LA INVERSIÓN
DEPENDE DE LAS TASAS DE INTERÉS.
DE HECHO, CASI TODO
DEPENDE DE LAS TASAS DE INTERÉS.
LAS ALTAS TASAS DE INTERÉS
DESESTIMULAN LA INVERSIÓN;
LAS BAJAS TASAS DE INTERÉS
ESTIMULAN LA INVERSIÓN.

Lo anoté, y me pregunté por qué nunca antes lo había entendido bien. Luego dije:

— De modo que por esa razón uno siempre oye hablar tanto de la inversión. Pero, en realidad, no entiendo qué es lo que las tasas de interés tienen que ver con todo esto — agregué, tratando de recordar mi clase de dinero y banca.

— Bueno, al igual que todo lo demás, también esto es en realidad bastante claro — me respondió —. Si usted tuviera la posibilidad de comprar un almacén de víveres que le daría un rendimiento del doce por ciento sobre su inversión, ¿lo compraría?

— Bueno, no sé. Esto depende, supongo — dije, sintiéndome un tanto confuso.

— ¿De qué depende?

— ¿De la tasa de interés que debo pagar si tomo el dinero en préstamo?

— ¡Correcto! Ahora bien, suponga que las tasas de interés son del catorce por ciento — dijo, encendiendo su pipa nuevamente —. ¿Compraría el almacén?

— No, no lo creo.

— ¿Por qué?

— Porque estaría pagando el catorce por ciento por el dinero y ganando solamente el doce por ciento con el almacén. Estaría perdiendo el dos por ciento en el negocio.

Me sentí como si se me hubiera encendido una bombilla en la cabeza. Cualquier idiota sabría eso, pensé.

— Ahora bien: Supongamos que los bancos bajan las tasas de interés al diez por ciento. Entonces ¿sí invertiría en el almacén?

— Claro que sí — le respondí —. Así me ganaría el dos por ciento. De modo que si uno quiere aumentar la inversión, baja las tasas de interés. Es algo que el Banco de la Reserva Federal puede hacer. Recuerdo esto de mi curso de dinero y banca — dije, sintiéndome mejor porque había recordado algo de mi universidad —. Así uno puede ajustar la llave para variar la cantidad de agua que entra — en forma de inversión — cambiando las tasas de interés.

— Usted captó la cosa. El Banco de la Reserva Federal puede influir en la inversión modificando las tasas de interés. Anote eso.

EL BANCO DE LA RESERVA FEDERAL

PUEDE INFLUIR EN LA INVERSIÓN

CAMBIANDO LAS TASAS DE INTERÉS.

— Pero usted dijo que la bañera tiene dos llaves y dos desagües. ¿Qué me dice del otro par? — le pregunté, mirando el bosquejo que había hecho en el sobre.

— La otra llave representa los gastos del gobierno y el otro desagüe representa los impuestos. Cuando el gobierno le quita a usted parte de su sueldo en impuestos, hay un escape de agua de la tina, tal como sucede con los ahorros. Y el efecto es el mismo. Alguien pierde un empleo, a menos que el dinero vuelva a ser reciclado en la economía. Esto se hace por medio de los gastos del gobierno. Hay realmente tres medios de obtener un empleo en esta economía. Uno es el consumo, el otro, la inversión, y el tercero, el gobierno. Y, cosa curiosa, cerca de la tercera parte de nosotros trabaja con el gobierno, si le agregamos los gobiernos estatales y locales al gobierno federal. De modo que podemos aumentar el nivel del agua, o el nivel de la actividad económica, bien sea incrementando la tasa a la cual entra el agua a la tina — en forma de gastos del gobierno — o disminuyendo la tasa a la cual sale en forma de impuestos.

Ahora sí entendí.

— Esto también funciona al contrario, ¿no es cierto? — pregunté.

— ¿Qué es lo que usted quiere decir?

— Pues que podemos reducir el nivel de actividad económica disminuyendo los gastos del gobierno, de modo que el agua entre más lentamente, o aumentando los impuestos para que salga más rápidamente.

— Usted lo captó.

— Bien. Ahora déjeme ver si lo tengo claro. Podemos aumentar el nivel de actividad económica, bien sea aumentando los gastos del gobierno o reduciendo los impuestos; y podemos disminuir el nivel de actividad económica, reduciendo los gastos del gobierno o aumentando los impuestos.

— Lo tiene bien claro. Ahora, para estar seguro de que lo recordará, ¿por qué no lo escribe?

PARA AUMENTAR EL NIVEL

DE ACTIVIDAD ECONÓMICA,

AUMENTE LOS GASTOS DEL GOBIERNO

O REDUZCA LOS IMPUESTOS.

PARA REDUCIR EL NIVEL
DE ACTIVIDAD ECONÓMICA,
DISMINUYA LOS GASTOS DEL GOBIERNO
O AUMENTE LOS IMPUESTOS.

Mientras yo escribía, él se levantó de su escritorio, se dirigió al sofá y puso los pies sobre la mesa del café.

— Para mantener la economía operando a un nivel de empleo constante, o a un nivel constante de actividad económica, debemos mantener los gastos del gobierno y la inversión iguales a los impuestos y a los ahorros.

Quedé atónito.

— ¿Quiere usted decir — dije — que eso es todo?

— Bueno, como muchas cosas en la economía, no es tan sencillo. Obviamente, podríamos tener una situación en la cual los ahorros y los impuestos fueran iguales a la inversión y al gasto del gobierno y, sin embargo, haber desempleo. El nivel del agua puede ser estable sin que la bañera esté llena. Realmente, éste fue el principal punto de Keynes. No existe garantía alguna de que el nivel de actividad económica se estabilice automáticamente en pleno empleo. Podría estabilizarse en algún punto por debajo del pleno empleo, en cuyo caso podríamos tener desempleo y una recesión o depresión. O, podría estabilizarse en un nivel por encima del pleno empleo — con la bañera desbordándose — y tendríamos inflación. Pero una vez que la economía se estabilice en el pleno empleo, los gastos del gobierno y la inversión deben igualar a los impuestos y a los ahorros. Cualquier variación de esta situación generará o bien desempleo o inflación. Anote eso.

UNA VEZ QUE LA ECONOMÍA ESTÉ EN

PLENO EMPLEO

DEBEMOS MANTENER

LOS AHORROS Y LOS IMPUESTOS IGUALES A

LOS GASTOS DEL GOBIERNO Y A LA INVERSIÓN.

CUALQUIER VARIACIÓN DE ESTA SITUACIÓN

GENERARÁ INFLACIÓN O DESEMPLEO.

— Creo que estoy empezando a entender — dije —. Pero ¿cómo se hace esto en realidad y, a propósito, qué tiene que ver conmigo como gerente?

— Lo que tiene que ver con usted como gerente es que si usted aspira a ser un planificador de éxito — y de eso se trata principalmente la gerencia — necesita tener alguna idea de lo que le va a suceder a su organización cuando el gobierno comience a chapucear con la economía. Y el gobierno siempre está chapuceando.

Volvió a llenar su pipa, y la estudió celosamente, como acostumbran hacerlo los fumadores. Luego prosiguió:

— La forma en que se lleva a cabo en el mundo real es lo que usted lee en la primera página del periódico todos los días. Probablemente lo ha estado leyendo, pero obviamente sin entender lo que significa.

La realidad es que la economía está controlada por el gobierno federal y por el Banco de la Reserva Federal — o el FED, como le dicen —, que es el banco central de los Estados Unidos. El FED, dicho sea de paso, opera en forma independiente tanto del Congreso como del presidente. De modo que hace su propia política, y esta política puede ser o no ser compatible con lo que el gobierno esté haciendo. De todos modos, el gobierno tiene dos instrumentos y el FED otros dos. Tomados en conjunto constituyen lo que se conoce en ocasiones como el "instrumental keynesiano", aunque dudo de que Lord Keynes aprobara eso si todavía viviera.

Cada vez que el gobierno lo desee, puede aumentar o disminuir el nivel de gasto gubernamental. Esto, o bien crea empleos, o bien los elimina. O puede disminuir o aumentar impuestos, lo cual da el mismo resultado. Y el FED puede aumentar o disminuir la oferta monetaria, lo cual determina cuánto dinero tienen los bancos para hacer préstamos y, por consiguiente, el nivel de las tasas de interés. O el FED puede operar directamente sobre las tasas de interés, cambiando la tasa que les cobra a los bancos cuando les concede préstamos. A propósito, la tasa de interés que el FED cobra por hacerles préstamos a los bancos se llama tasa de descuento. Usted ha oído hablar de ella, ¿no es cierto?

— Sí, señor.

— El impacto que produce el cambio de la tasa de descuento es más psicológico que real, pero eso no importa. Lo importante es que funciona. El FED está en capacidad de influir en las tasas de interés, y, por tanto, en el nivel de inversión. Así que, en esencia, la economía está controlada por el gobierno federal y por el Banco de la Reserva Federal. Este control se ejerce por medio de la política fiscal que comprende el ajuste de los niveles de gasto del gobierno y de los impuestos, y por medio de la política monetaria que comprende el control de la oferta monetaria y de las tasas de interés. La manera de emplear estos instrumentos de política depende de los objetivos sociales y económicos de la administración que esté en el poder. Escriba eso.

EN ESENCIA, LA ECONOMÍA ESTÁ

CONTROLADA POR

EL GOBIERNO FEDERAL

MEDIANTE LA POLÍTICA FISCAL

— IMPUESTOS Y GASTOS —

Y POR EL BANCO DE LA RESERVA FEDERAL

MEDIANTE LA POLÍTICA MONETARIA

— LA OFERTA MONETARIA

Y LAS TASAS DE INTERÉS.

LA MANERA DE EMPLEAR ESTOS INSTRUMENTOS

DEPENDE DE LOS OBJETIVOS DE

LA ADMINISTRACIÓN QUE ESTÉ EN EL PODER.

Escribiendo frenéticamente, dije:
— Esto se está complicando.
— No es tan difícil de entender — replicó él. Pero me miró con escepticismo, como preguntándose si yo tenía las condiciones requeridas para ser un gerente —. Piense solamente en el instrumental keynesiano. Suponga que tenemos una alta tasa de desempleo y usted es el asesor económico del presidente. ¿Qué le recomendaría?
— Bueno, veamos — dije, deseando tener una pipa para tener algo en qué ocuparme —. Lo que haría es subir el nivel de agua de la tina. ¿Correcto?
— Correcto.
— Bueno . . . Si aumentáramos el gasto del gobierno, esto crearía algunos empleos. O podríamos reducir los impuestos, lo cual le proporcionaría a todo el mundo más dinero, de modo que gastarían más, y esto crearía más empleos. O podríamos aumentar la oferta monetaria. Esto les proporcionaría más dinero a los bancos para hacer préstamos, lo

cual haría bajar las tasas de interés y aumentaría la inversión. O, supongo, podríamos bajar las tasas de interés directamente, reduciendo la tasa de descuento. O podríamos hacer todas esas cosas.

— Usted captó la cosa.

— Pero si hiciéramos todo eso, ¿no se desbordaría la bañera? Quiero decir: ¿Eso no causaría inflación?

Cuando dije eso, sonrió. En realidad, era la primera vez que sonreía esa mañana. Y hasta pensé que iba a soltar una carcajada.

— Ese es el meollo de la cosa — dijo —. Es cuestión de trueques.

— ¿Trueques de qué cosas?

— Bueno, la economía trata de trueques. En este caso el trueque es entre desempleo e inflación. Las políticas diseñadas para reducir el desempleo probablemente lleven a la inflación. Si usted quiere reducir la tasa de inflación, puede recortar el gasto gubernamental, aumentar los impuestos, reducir la oferta monetaria y aumentar las tasas de interés. Pero eso desaceleraría la actividad económica, eliminaría empleos y aumentaría el desempleo. Todo lo que haga para reducir la inflación aumentará el desempleo, y todo lo que haga para reducir el desempleo, tarde o temprano llevará a más inflación. El problema es cuestión de tratar de armonizar la economía. La macroeconomía le explica a usted cómo controlar el trueque entre inflación y desempleo. Escriba eso.

LA MACROECONOMÍA LE EXPLICA A USTED

CÓMO CONTROLAR EL TRUEQUE

ENTRE DESEMPLEO E INFLACIÓN.

— Ahora — dijo — almorcemos.

Yo estaba dispuesto, por decir lo menos. Atravesamos el patio hacia el club de profesores. Era un fresco día de otoño y había una sensación de fútbol en el aire. Algunos estudiantes — que a mí me parecían jóvenes — estaban jugando con un platillo volador en el prado. Otros estaban leyendo tendidos al sol. Me di cuenta, con sorpresa, de que iba a extrañar el regreso a la universidad ese otoño.

Nos sentamos a la mesa, en un rincón. Si bien era obvio que todos lo conocían, nadie se ofreció a sentarse con nosotros. Tal vez creyeron que yo era un estudiante.

— ¿Lo de siempre, profesor Marshall? — preguntó la joven camarera. Se veía que era una estudiante, y muy bonita.

— Sí, Becky, gracias. Y tú ¿qué quieres, Bob? — dijo, llamándome por mi nombre por primera vez.

— ¿Qué me recomienda, señor? — le respondí, preguntándome qué sería "lo de siempre".

— El Bison Burger — dijo como si fuera algo que no admitía duda.

— Tomaré el Bison Burger con café, por favor — le dije a Becky, esforzándome por mantener mi mente en el asunto que me ocupaba. Estaba pensando que sería prudente hacer algunas preguntas inteligentes, pues él no parecía ser la clase de persona a la cual le gustara hablar de fútbol.

Cuando de pronto me preguntó: — ¿Viste anoche el partido de los Steelers?

— No, señor — le respondí —. No sigo muy de cerca el fútbol. Como que nunca me interesó mucho.

— Si vas a ser gerente, es mejor que te intereses por el fútbol — me dijo, para gran sorpresa mía.

— ¿Y eso por qué, señor? — le pregunté, comenzando a sospechar que sería mejor cambiar de tema.

— A todos los gerentes les gusta el fútbol — me contestó, como si se tratara de algo obvio. Entonces me di cuenta de que era hora de cambiar de tema.

— Permítame decirle, señor, que disfruté mucho la mañana. Aprendí más que en seis semestres que tomé de economía. Pero hay algo que me preocupa.

— ¿Se trata de...? — Tomó un sorbo del martini que Becky le acababa de traer. Era, por lo menos, doble, y había no menos de cuatro aceitunas en el fondo del vaso. Me habría gustado haber pedido uno. Ahora al menos sabía qué era "lo de siempre".

Tomé un poco de café y dije:

— Por lo que usted ha dicho, me parece que controlar la economía, o sea mantenerla en pleno empleo, debiera ser una tarea muy sencilla. Si esto es cierto, ¿por qué estamos enfrentando tantos problemas? ¿Por qué tenemos un desempleo persistentemente alto, y alta inflación?

— Bueno — dijo — en primer lugar, en economía no es muy difícil hacer que parezca que casi todo funcionará como en la teoría; pero a menudo, la realidad es muy distinta. El mundo perfectamente competitivo de Adam Smith es muy atractivo en teoría, hasta que uno comienza a ver que muchas de sus suposiciones no son válidas en la realidad. Su idea de competencia, por ejemplo, no tiene mucho sentido en un mundo en el cual las quinientas sociedades más grandes controlan el ochenta por ciento de la economía. Pero la verdad es que durante mucho tiempo parecía que la teoría keynesiana tenía todas las respuestas; durante unos veinte años después de la guerra, mantuvimos las tasas de desempleo e inflación dentro de lo que podríamos llamar límites "normales" — alrededor del tres o cuatro por ciento cada una, en promedio. Fue entonces cuando la economía se convirtió en "la Reina de las Ciencias Sociales", y hasta Nixon se convirtió al keynesianismo...

Llegó nuestro almuerzo. Un Bison Burger: "¡Dos pastelillos de carne, salsa especial, lechuga, queso, pepinillos, cebollas en un pan de ajonjolí!", dije para mis adentros. Pero tenía muy buen aspecto.

Continuó su explicación:

— Hacia 1965 comenzaron a presentarse una serie de cosas que no éramos capaces de predecir, mucho menos de controlar. El presidente Johnson estaba muy interesado en ampliar nuestros programas de bienestar social. Esto implicaba un gasto gubernamental mucho mayor. Decidió también involucrarnos en la guerra de Viet Nam. Tú entiendes lo que significa aumentar el gasto del gobierno, ¿no es cierto?

— Sí, señor. Es inflacionario, a menos que al mismo tiempo se aumenten los impuestos — le respondí, sintiéndome más seguro.

— Correcto. Pero Johnson se demoró mucho en aumentar los impuestos, y éste fue el inicio de una espiral inflacionaria que nos tomó más de diez años para poder controlarla. Hay otras cosas, por supuesto. Los países de la OPEP, como tú sabes, lograron aumentar el precio del petróleo en cerca de mil quinientos por ciento entre 1971 y 1981. Puesto que toda la economía norteamericana está estructurada sobre la suposición de una oferta barata de petróleo, esto constituyó un golpe inflacionario al cual nunca nos ajustamos. También está la competencia internacional. Cuando les ayudamos al Japón y a Europa Occidental a reconstruir sus economías después de la guerra, también les ayudamos a modernizar sus plantas y equipos, de modo que ellos — especialmente Japón — pronto serán más eficientes y productivos que nosotros. Esto ejerció una gran presión sobre nosotros para que mantuviéramos una baja tasa de inflación y así no perder nuestros mercados de exportación y, al mismo tiempo, ejerció efectos muy negativos en nuestro problema de desempleo. La sola competencia internacional nos costó una gran cantidad de empleos — cerca del veinticinco por ciento de todos los automóviles vendidos en los Estados Unidos son ahora producidos en el extranjero, principalmente en el Japón. Esto se traduce en una gran cantidad de empleos. Otra cosa es que engranar las políticas monetarias y fiscales para reducir la tasa de inflación hará aumentar por definición — recuerda los trueques — la tasa de desempleo. Agrégale el hecho de que la revolución de los computadores y la automatización en general están reemplazando gente a un ritmo todavía más rápido de lo que podemos siquiera pensar en capacitarla para nuevos empleos, y verás que tenemos una situación muy difícil y complicada. Y apenas hemos tocado los puntos más importantes.

— ¿Postre, señor? — La camarera había regresado.

— Sí, por favor, Becky. Lo de siempre.

— ¿Y usted, señor?

— Lo mismo.

— El problema — continuó — estriba en las variables exógenas — cosas que suceden fuera del sistema económico y que no podemos predecir. Como viste esta mañana, *sí sabemos* cómo hacer para que la economía marche con pleno empleo. Pero *no sabemos* cómo predecir lo que la OPEP hará con los precios del petróleo y no podemos predecir el clima mejor que los meteorólogos.

— Otra cosa que me he estado preguntando, señor, es todo lo que se dice acerca del déficit.

— Sí. ¿Como qué?

— Bueno — dije, comenzando otra vez a sentirme incómodo —. Ahora puedo ver cómo se presentan los déficits cuando el gobierno emplea la política fiscal para estimular la economía. ¿Eso es todo? ¿Tenemos unos déficits tan grandes porque el gobierno ha tratado de reducir el desempleo?

— Ciertamente, eso forma parte del problema. Pero de ninguna manera es toda la historia. Cuando Ronald Reagan asumió el mando en enero de 1981, la economía norteamericana estaba experimentando tasas de inflación extraordinariamente altas y tasas de desempleo altas. Situaciones de esta índole son las que les presentan a los formuladores de política el dilema poco agradable que seguramente tú ya conoces.

— ¿Quiere usted decir en relación con el trueque entre desempleo e inflación?

— Precisamente. Todo lo que se haga para reducir el desempleo probablemente empeore la situación inflacionaria. Por otra parte, si se intenta reducir la inflación, probablemente resulte mayor desempleo. La estrategia de Reagan era emplear la política monetaria para luchar contra la inflación, y la política fiscal para combatir el desempleo. En parte, esto sucedió accidentalmente. En parte, porque así se diseñó.

Con mucha frecuencia — prosiguió — los intereses de la administración que está en el poder y los intereses del Banco de la Reserva Federal no coinciden. Los políticos siempre quieren que la economía funcione lo más cerca posible del pleno empleo, especialmente en épocas electorales. Pero al FED, usualmente, le preocupa más la inflación que el desempleo. La mayor parte de los economistas estarían de acuerdo en decir que esto es así porque el FED representa los intereses del sistema bancario. De hecho, el FED es propiedad de los bancos comerciales. A los banqueros no les gusta la inflación porque ellos son acreedores. Las altas tasas de inflación implican que los préstamos les serán pagados con dólares más baratos; o sea que la inflación favorece a los deudores. Además, lo que realmente importa en el negocio bancario es la *tasa real de interés*, o sea, la diferencia entre la tasa de interés y la tasa de inflación. Para que los bancos ganen dinero, las tasas de interés deben ser más altas que la tasa de inflación; históricamente han estado el cuatro por ciento por encima...

Me alegré al ver que llegaba el postre. Becky puso un martini frente a cada uno. Esta vez realmente aprecié "lo de siempre". Él llenó su pipa y continuó.

— Por supuesto, a los banqueros no les preocupan las altas tasas de interés, puesto que la tasa de interés es el precio del producto que ellos venden: dinero. Pero, obviamente, hay un punto en el cual las tasas de interés pueden ser tan altas que depriman la demanda de préstamos, y entonces todos pierden...

— ¿Todos pierden? — pregunté.

— Sí. Todo el mundo. Los bancos prestan menos, los consumidores y los inversionistas solicitan menos présta- mos, y todo tiende a paralizarse. Eso fue lo que sucedió en 1980 y 1981, y eso es principalmente lo que nos arrastró hacia la recesión de 1981-1982. La administración Reagan había rebajado los impuestos e incrementado los gastos del gobierno — más que todo los de defensa — mientras que el FED mantuvo el control de la oferta monetaria y altas tasas de interés. Fue sólo a mediados de 1982 — al comenzar a ceder el FED y empezar a bajar las tasas de interés — cuando la economía volvió a crecer nuevamente.

De modo que — prosiguió — lo que tuvimos fue una si- tuación *contradictoria* entre la política monetaria y la política fiscal. Y fue un caos casi total. No comenzamos a salir de la recesión hasta que la administración y el FED empezaron a moverse en la misma dirección. Y ése es mi punto: Para que la teoría macroeconómica keynesiana funcione, tiene que haber *compatib idad* ntre la política fiscal y la política monetaria. De lo contrario, las cosas simplemente pueden irse a la deriva.

— Todavía estoy algo confundido — dije — en cuanto a lo que todo esto tiene que ver con el déficit.

— Para entender dónde estamos ahora, debes tener una idea de cómo llegamos aquí, y esto es lo que trataré de explicarte.

Durante la campaña de 1980, Reagan prometió bajar los impuestos, aumentar los gastos de defensa y reducir los gastos de asistencia social. Y, tal como dije antes, él quería que el FED utilizara políticas monetarias restrictivas con objeto de reducir la inflación.

Las políticas monetarias restrictivas del FED empujaron a la economía hacia una recesión, por lo cual, en parte, tenemos tan altos déficits. Cuando la economía entra en una recesión, los ingresos por impuestos disminuyen porque hay menos gente trabajando y pagando impuestos sobre el ingreso, los ingresos de los que están trabajando no suben tan rápidamente, y las utilidades de las sociedades — y por tanto los impuestos sobre el ingreso que ellas pagan — son menores. Al mismo tiempo, los gastos del gobierno suben automáticamente porque más gente recibe el seguro de desempleo y más gente necesita asistencia social. De modo que parte de los déficits que hemos visto en el pasado han sido una consecuencia de la recesión.

— Pero ahora la economía se está recuperando — interrumpí —. ¿No debiera reducirse el déficit automáticamente?

— ¿Por qué debiera suceder eso?

— ¿No aumentarían los ingresos fiscales en la medida en que más gente esté trabajando y los ingresos y las utilidades comiencen a crecer? ¿Y no se reducirían los gastos cuando menos gente esté cobrando el seguro de desempleo y recibiendo asistencia social?

— Sí, eso es cierto. Sin embargo, sólo una parte de los déficits de años recientes fue por causa de la recesión. El resto correspondió a rebajas de impuestos que no estuvieron acompañadas de una correspondiente reducción en los gastos. El resultado es que aun cuando la economía esté plenamente recuperada, seguiremos teniendo altos déficits. Esto es lo que los economistas llaman "déficits estructurales", déficits incorporados que se presentarán cuando la economía esté operando con pleno empleo.

— De modo que — dije — el problema consiste en que los déficits que enfrentaremos en años futuros no desaparecerán por sí mismos. Están incorporados en el presupuesto.

Pensé que ahora estaba comenzando a entenderlo.

— Esa es la razón principal de que estemos enfrentando déficits tan grandes, pero no la razón principal de la dificultad que presentan esos déficits. El problema real es que los déficits absorberán una gran proporción del ahorro privado que, se espera, habrá en los próximos años. Se trata de dinero que en otras circunstancias habría ido a la inversión privada en plantas y equipos y en vivienda. En el fondo significa un crecimiento económico más bajo y menores incrementos en el nivel de vida de todos.

En poco tiempo — continuó —, los déficits significan tasas de interés más altas. Cuando la economía privada está en crecimiento y el gobierno recurre a los mercados de capital para financiar el déficit, como consecuencia suben las tasas de interés. Las altas tasas de interés llevan a una serie de problemas. Conseguimos una "recuperación no balanceada", porque los sectores de la economía más sensibles a las tasas de interés, tales como el de la vivienda y la industria automotriz, no pueden crecer al mismo ritmo de otros sectores. Las altas tasas de interés contribuyen asimismo a mantener alto el valor del dólar, lo cual reduce la competitividad de los bienes norteamericanos en los mercados internacionales. Las altas tasas de interés en los Estados Unidos llevan también a altas tasas de interés en todo el mundo, lo cual puede ser o no ser compatible con los objetivos de las políticas macroeconómicas de los países de Europa Occidental y del Japón, y, definitivamente, agrava las cosas en los países del Tercer Mundo que están tratando de refinanciar sus deudas.

— ¿Pero no podría el FED utilizar sus instrumentos de política monetaria para mantener bajas las tasas de interés? — pregunté.

— Podría hacerlo, pero entonces se corre el riesgo de recalentar la economía e iniciar una nueva ronda de inflación.

— Y si mantienen firmes las tasas de interés...

— En ese caso corren el riesgo de llevar la economía a otra recesión, porque tendríamos otro caso de política monetaria y política fiscal en contradicción, y las cosas se desbarajustarían otra vez, tal como sucedió en los primeros años del decenio de los ochenta.

De manera que quizá ya te hayas dado cuenta de que todo esto es muy complicado. Si sólo fuera cuestión de manipular el modelo keynesiano, aplicando los instrumentos, entonces los economistas no tendrían mucho que hacer. Pero la política jamás puede estar separada de la política económica, y siempre se presentan acontecimientos fortuitos — golpes fortuitos los llamamos — que nunca podemos prever. Por eso se oyen en estos días tantos chistes acerca de los economistas que no saben lo que están haciendo. Los has oído, ¿no es cierto?

— No estoy seguro — le respondí.

— Bueno, uno de los favoritos desde hace mucho tiempo es que "si se pusieran a todos los economistas del mundo cabeza contra cabeza, nunca podrían llegar a una conclusión".

Yo lo había oído, pero simulé una risa.

— El otro es que "los economistas constituyen el único grupo profesional del mundo que formaría un círculo si se les ordenara formar un pelotón de fusilamiento".

Esta vez no tuve que fingir.

— En física, como alguna vez lo indicó un famoso economista, uno no tiene por qué preocuparse de que la velocidad de la luz cambie todos los días; uno puede *suponer* que es constante. En economía tenemos que hacer suposiciones. Sin embargo, la única suposición de la cual podemos estar seguros es que las cosas van a cambiar. La conducta humana no es constante.

Hay un último punto — agregó —, y luego tenemos que ir a clase.

Yo no sabía que teníamos que "ir a clase", pero por supuesto no iba a decir nada. Terminé, en cambio, mi martini. Y lo mismo hizo él. Becky nos trajo café a ambos y levantó la mesa. Eramos los únicos que quedábamos en el comedor.

— A la larga, las altas tasas de interés llevan también a déficits más grandes. Con un déficit de doscientos mil millones de dólares, cada punto porcentual de aumento en la tasa de interés hace subir en dos mil millones de dólares los costos de intereses que el gobierno tiene que pagar por el financiamiento del déficit corriente, y en mucho más que eso los costos totales por intereses del financiamiento de la deuda nacional, la cual va camino de alcanzar los dos billones de dólares.

— ¿Sabe usted, señor? Este es un punto que nunca he logrado entender realmente. ¿Cuál es la diferencia entre la deuda y el déficit?

— Bueno, el déficit es simplemente la diferencia entre lo que el gobierno recibe y lo que gasta en determinado año. La deuda nacional, por su parte, es la acumulación de todos los déficits de los años anteriores que no hemos pagado.

— De modo que los déficits que hemos contraído en el pasado simplemente se suman a la deuda nacional.

— Correcto.

— Y cuando oímos que el déficit de 1983 fue algo así como ciento noventa y cinco mil millones de dólares, quiere decir que el gobierno gastó ciento noventa y cinco mil millones de dólares más de lo que recibió en ese solo año.

— Captaste la cosa.

— Y esos ciento noventa y cinco mil millones de dólares fueron agregados también a la deuda nacional.

— Correcto.

El Profesor Marshall firmó la cuenta y dijo:

— Vamos a clase — en forma tal que no me dejó mucha elección. Era casi la una y treinta.

Mientras atravesábamos el patio, me explicó:

— Hoy es el primer día de clases, y tendré mi seminario de postgrado sobre economía gerencial. Creo que ahora puedes entender por qué es importante para un gerente conocer algo sobre cómo funciona la economía. Pero, en tu trabajo diario como gerente, lo que necesitas entender verdaderamente es la teoría de cómo funcionan las firmas comerciales. Por eso te llevo a esa clase. No tomes notas, a menos que yo escriba algo en el tablero. Cuando yo lo haga, lo escribes.

2

Lo que todo gerente
necesita saber acerca de
la microeconomía

Entramos en el salón de clases y allí, para gran sorpresa mía, estaba sentada Becky. Había además algunos otros estudiantes en el salón. Las paredes eran de color verde pálido. Había dos tableros a lo largo de la pared del frente y un tercero en una de las paredes laterales. Había tres filas de mesas largas, semicirculares, con ocho o diez suaves sillas giratorias cada una. El profesor se dirigió al frente del salón, colocó su maletín en el lado derecho de una mesa, tomó un atril que estaba en un rincón y lo puso sobre el lado izquierdo de la mesa. Alguien había escrito sobre el frente del atril: "Me he sentido solo en mi silla de montar desde que mi caballo murió".

Pronto todos estaban riendo. Cuando el profesor terminó de arreglar sus apuntes, aún no habían hecho silencio, pero sonrió, y era obvio que él sabía lo que había ahí.

— Buenas tardes — dijo, en voz bastante alta. La clase se calmó de inmediato —. Soy el profesor Marshall y éste es el 51-640, el seminario de postgrado en economía gerencial. Voy a hacer circular esta hoja de papel, algo que se llama una matrícula de clase. Si su nombre no está en ella, le sugiero que vaya a la ventanilla D de la oficina de registro — es aquélla, en la que hay una cola larga. No exijo asistencia regular a esta clase. La única razón para venir es que ustedes quieran lograr una calificación aprobatoria.

El profesor continuó:

— Lo que quisiera hacer hoy es discutir el razonamiento de sentido común subyacente en los principales conceptos económicos que investigaremos en este curso. La mayor parte de lo que resta del curso incluirá el desarrollo de una elaboración matemática de estos conceptos y de sus aplicaciones. Las matemáticas son una especie de barrera que levantamos los que estamos en la profesión económica para confundir a los legos, reducir el número de personas que puedan llamarse economistas y mantener altos nuestros salarios . . .

Becky y algunos estudiantes se rieron. Visiblemente, la clase se distensionó.

— No me interpreten mal. Las matemáticas de la economía son importantes, y si ustedes no las saben, no pasarán este curso. Al mismo tiempo, existe el peligro real de que ustedes, por tratar de entender las matemáticas, pierdan de vista lo que todo esto significa en realidad.

— ¡Amén! — dije para mis adentros.

— Permítanme comenzar haciendo una pregunta: ¿Qué es lo que un gerente necesita saber acerca de la economía?

Un joven muy emotivo que llevaba unos jeans recientemente planchados y una camisa amarilla de algodón se ofreció a responder:

— ¿Cómo hacer dinero?

— ¿Cómo manejar las finanzas de los negocios? — preguntó una atractiva mujer de cabello rojo.

— ¿Cómo manejar el negocio con eficiencia? — Esta pregunta la hizo un joven de barba que estaba sentado en la última fila.

El profesor movió su cabeza de uno a otro lado, bastante

apesadumbrado. Luego miró alrededor del salón para ver si había otras ideas. No las hubo.

— Quizás debiera volver a formular la pregunta — dijo — ¿Qué objetivo persiguen las empresas?

— Bueno — dijo el joven de la barba —, hay toda clase de empresas diferentes. Quiero decir que no es posible generalizar acerca de algo como esto, ¿no es cierto?

El de la camisa amarilla dijo:

— Bueno, todas producen alguna clase de bienes o servicios, o tratan de vender algo, o...

— Utilidades — fue Becky quien lo dijo —. Las empresas existen para hacer utilidades.

— Correcto. Utilidades es de lo que se trata. El objetivo de las empresas es producir utilidades, y el trabajo de ustedes como gerentes es producirle utilidades a la empresa. Y no es sólo cuestión de hacer utilidades. El objetivo es *maximizar* las utilidades. Se volvió hacia el tablero y escribió:

LAS UTILIDADES

SON IGUALES

A LOS INGRESOS TOTALES

MENOS LOS COSTOS TOTALES.

Casi todo lo que veremos en este curso está relacionado con la investigación de este concepto.

Reflexionemos sobre esto por un minuto, en la forma más simple posible. Supongan que les toca introducir en el mercado un nuevo producto, un cepillo de dientes eléctrico, con energía solar, de velocidad variable, o algo parecido. ¿Cuántos de estos cepillos quisieran producir y cuánto cobrarían por cada uno?

Nadie respondió.

Obviamente, no hay forma de contestar esa pregunta sin disponer de más información. Lo primero que ustedes deben hacer es una encuesta de mercado para averiguar algo acerca de la demanda de su nuevo producto. En sus cursos de mercadeo probablemente ya aprendieron cómo realizarla.

Ahora bien, supongan que ya hicieron la encuesta, analizaron toda la información y han decidido vender el producto a veinticinco dólares la unidad. Supongamos, además, que están vendiendo mil unidades por mes. ¿Cuál sería su ingreso total?

— ¡Veinticinco mil dólares mensuales! — dijo el joven de la barba.

— Bien. Ahora supongamos que les cuesta dieciocho dólares producir cada unidad. ¿Cuál sería el costo total?

— ¡Dieciocho mil dólares por mes! — dijo la mujer de cabello rojo.

— Muy bien. ¿Cuáles serían, entonces, sus utilidades?

— Siete mil dólares por mes — dijo el de la camisa amarilla.

— Correcto. Ahora la pregunta es: ¿Eso es lo mejor que pueden hacer? ¿Son éstas las mayores utilidades que pueden lograr?

Esta vez no hubo respuesta. Luego agregó:

— Obviamente, para responder esta pregunta, ustedes deben tener más información. Especialmente, deben tener alguna idea de cómo se comportan sus ingresos y sus costos a medida que carguen distintos precios y produzcan y vendan diferentes cantidades del producto. ¿Correcto?

Todos estuvieron de acuerdo.

— Ahora bien — continuó —, queremos trabajar con un ejemplo que sea lo más simple posible. Así que supongamos que los costos de producción no son importantes. E imaginemos que tenemos una oferta infinita de cepillos de dientes eléctricos, de energía solar, velocidad variable sin costo alguno. En esta clase de situación, cuando sus costos no varían con la cantidad del producto que ustedes venden, la forma de maximizar las utilidades es maximizar el ingreso total. Para destacar este punto fue al tablero y escribió:

SI LOS COSTOS NO CAMBIAN

CUANDO LA PRODUCCIÓN CAMBIA, ENTONCES

PARA MAXIMIZAR LAS UTILIDADES

SIMPLEMENTE MAXIMICE EL INGRESO TOTAL.

— ¿Cómo se puede hacer eso? — preguntó el joven de la camisa amarilla.

— Buena pregunta. ¿Cómo lo haría usted?

— Podría rebajar el precio para ver si vendo más unidades del producto — sugirió el de la barba.

Siguiendo el tema general de la discusión, el joven de amarillo preguntó:

— ¿Qué tal si se suben los precios?

— Bueno, veamos — dijo el profesor —. Suponga que baja el precio a veintidós con cincuenta y que sus ventas suben a mil cien unidades por *semana*. ¿Cuáles serían sus ingresos totales?

Mientras todos se afanaban por buscar sus calculadoras de bolsillo, Becky dijo:

— Los ingresos caerían a veinticuatro mil setecientos cincuenta dólares.

— Por tanto, obviamente no era un buen plan, ¿no es cierto?

Todos parecían estar de acuerdo con esta conclusión.

— Como pueden ver — dijo el profesor —, si ustedes van a estar manipulando los precios para tratar de aumentar sus utilidades, deben saber algo acerca de la demanda de su producto. Es decir, deben saber algo acerca de la forma en que el precio afecta a las ventas de su producto; o, en otras palabras, deben tener una idea de la elasticidad-precio de la demanda de su producto.

Sacó del bolsillo dos largas bandas de caucho, una roja, muy delgada, y una de color café, muy gruesa, y se las entregó al joven de la camisa amarilla.

— Piense que son dos productos diferentes — le dijo —. ¿Cuál es el más elástico?

El joven estiró una y luego la otra, y, obviamente, todos vieron que la banda roja era muy elástica mientras que la de color café casi no se estiraba. — La roja — respondió.

— Bien — dijo el profesor —. Correcto. Ahora bien, el concepto básico de elasticidad es muy simple. La pregunta es: ¿Qué tan sensible a los cambios de su precio es la cantidad demandada de un producto? Desde su punto de vista como gerente, es muy importante que sepa acerca de la elasticidad de demanda de su producto porque eso le indica cómo el precio del producto puede afectar a los ingresos totales. Si la demanda es muy sensible a los cambios de los precios, decimos entonces que es elástica al precio.

Se volvió hacia el tablero y escribió:

DEMANDA ELÁSTICA FRENTE AL PRECIO:

LA VARIACIÓN PORCENTUAL DE LA CANTIDAD

DEMANDADA ES MAYOR QUE

LA VARIACIÓN PORCENTUAL DEL PRECIO.

Cuando la demanda es elástica, un cambio porcentual pequeño del precio lleva a un cambio porcentual relativamente más grande de la cantidad demandada. Por tanto, cuando disminuye el precio, la cantidad demandada aumenta en una cantidad relativamente mayor, y los ingresos totales aumentan. Por ejemplo, si disminuye el precio en cinco por ciento y la cantidad demandada aumenta en diez por ciento, decimos entonces que la demanda es elástica. Con una baja del cinco por ciento en el precio y un aumento del diez por ciento en las ventas unitarias, su ingreso total podría aumentar el cinco por ciento.

Por otra parte, si usted aumentó el precio en cinco por ciento y sus ventas unitarias bajaron en diez por ciento, su demanda todavía es elástica. Pero sus ingresos totales caerían, en este caso en cinco por ciento. De modo que si la demanda de su producto es elástica frente al precio, la forma de aumentar sus ingresos totales es reducir el precio.

La otra posibilidad es que la demanda de su producto sea *inelástica* frente al precio, como en el caso de nuestra banda elástica de color café.

En seguida fue al tablero y escribió:

DEMANDA INELÁSTICA FRENTE AL PRECIO:
LA VARIACIÓN PORCENTUAL DE LA CANTIDAD
DEMANDADA ES INFERIOR A LA
VARIACIÓN PORCENTUAL DEL PRECIO.

— Cuando la demanda es inelástica — continuó el profesor — no responde mayormente a los cambios de los precios. Así que si la demanda es *inelástica*, la forma de aumentar los ingresos es *aumentar* el precio. Çualquier aumento porcentual del precio dará por resultado menor disminución porcentual de la cantidad demandada, o de las ventas unitarias. Por ejemplo, usted podría aumentar el precio en quince por ciento, y las ventas unitarias disminuirían en un porcentaje menor, digamos el ocho por ciento. Este es un caso claro en el cual la demanda es inelástica frente al precio y los ingresos han aumentado, en este caso en siete por ciento. Por otra parte, si la demanda es inelástica y usted disminuye el precio, sus ingresos totales disminuirán, porque la baja porcentual en el precio será mayor que el aumento porcentual en las ventas unitarias.

Lo importante es que usted debe conocer la elasticidad-precio de la demanda de su producto si es que quiere tomar buenas decisiones sobre precios. Permítanme contarles una breve historia: Hace unos dos años me encontré con el gerente de determinada línea de productos de una empresa local. Yo había llegado a aquella parte del curso en que tratábamos del comportamiento de precios de las firmas, y, por tanto, yo estaba pensando mucho en ese tema. Cuando se me presentó la oportunidad le pregunté cómo tomaba sus decisiones sobre los precios. Me dijo que simplemente estimaba cuántas unidades iba a vender y hacía cuentas del ingreso que recibiría al precio corriente. Si el ingreso era suficiente, no se tomaba la molestia de efectuar un cambio de precio. Si ése no era el caso, entonces, tal como lo expresó, "simplemente se sube el precio".

El profesor movio la cabeza con tristeza y continuó:

— La última vez que me tropecé con él, estaba buscando empleo.

Se detuvo por un momento, y la risa se propagó lentamente por toda la clase. Sin embargo, el joven de la camisa amarilla parecía estar perplejo:

— No entiendo — dijo —. ¿Por qué estaba buscando empleo?

La risa se convirtió en carcajada, para congoja del joven.

El profesor parecía ponerle mucha atención a esta pregunta. Luego dijo:

— Bueno, una posibilidad es que mi amigo, el gerente, se hubiera equivocado al juzgar la elasticidad de la demanda de su producto. Ustedes comprenderán que precios más altos generarán mayores ingresos solamente si la demanda es inelástica.

— Pero — insistió el joven de amarillo — ¿cómo puede uno juzgar si la demanda del producto es elástica o inelástica?

— Esa es una buena pregunta — dijo el profesor. Esto produjo el efecto de calmar a la clase —. Y se trata de un área en la cual los economistas y la gente de investigación de mercados trabajan muy estrechamente. Aunque quizás no tan estrechamente como sería deseable, si es que la triste historia de mi amigo sirve de ejemplo. En todo caso, los economistas y los investigadores de mercado pueden estimar cómo los cambios en los precios, o los cambios en otros atributos, podrían afectar a las ventas de un producto específico. La rama de la economía que se ocupa de este tipo de trabajo se conoce con el nombre de econometría, y los econometristas modernos cuentan con una gama impresionante de instrumentos estadísticos para emplearlos precisamente en este tipo de problema.

Además de estas técnicas cuantitativas de alto poder, existen unos principios básicos de economía que podemos emplear para investigar estas preguntas sobre elasticidades. Los dos factores que desempeñan el papel más importante cuando se va a determinar si la demanda de un bien es elástica o inelástica, son el porcentaje del ingreso que un consumidor gasta en ese bien y el número de substitutos del mismo bien que hay disponibles. Estudiemos cada uno de estos factores por separado.

Cuanto mayor sea el porcentaje del ingreso de un consumidor gastado en algo, tanto más elástica será la demanda del bien. Por consiguiente, es de esperar que la demanda de bienes de alto valor como los automóviles, las casas y los computadores personales será bastante elástica. Por otra parte, las cosas en las cuales se gasta un porcentaje relativamente pequeño del ingreso, tales como sal, pimienta, cordones para zapatos y cosas por el estilo, tienen una demanda muy inelástica. ¿Pueden ver el razonamiento subyacente?

La mujer de cabello rojo se apresuró a contestar:

— Creo que sí — dijo —. ¿Quiere usted decir que los consumidores tolerarán cambios de precios en las cosas en las cuales no gastan mucho dinero porque sus gastos en tales artículos simplemente no ascienden a mayor cosa?

— Exactamente.

El profesor continuó:

— Ahora, la otra influencia importante sobre la elasticidad proviene del número de substitutos disponibles. Cuanto mayor sea el número de substitutos, tanto mayor podrá ser la elasticidad. ¿Quisiera alguien abordar una explicación de este punto?

El joven de la camisa amarilla fue el primero en hablar:

— Si hay muchos substitutos de un bien, los consumidores simplemente podrían pasarse a otro bien. Pero si hay sólo unos pocos substitutos, sus opciones estarán más limitadas.

— Correcto. Ahora, ¿qué tal si me da un par de ejemplos?

— Bueno — continuó el mismo estudiante —, la gasolina sería un ejemplo de un bien con pocos substitutos. De modo que supongo que su demanda es bastante inelástica.

— Y usted tiene razón.

— Y... bueno, el mercado de calculadoras de bolsillo es un caso en que la demanda podría ser muy elástica. Hay muchas firmas que las fabrican. Así que, si el precio de las calculadoras TI sube, la gente tiene la posibilidad de comprar una Sharp o una Casio o cualquier otra marca. ¿Correcto?

— Correcto.

Se dirigió entonces al tablero y escribió debajo de la definición de demanda elástica:

SI PESA MUCHO EN EL PRESUPUESTO

O SI TIENE MUCHOS SUBSTITUTOS,

SU DEMANDA PROBABLEMENTE SERÁ ELÁSTICA;

DISMINUYA EL PRECIO PARA AUMENTAR LOS INGRESOS.

Eso — señaló — es un buen resumen de lo que hemos dicho acerca del caso en que la demanda es elástica.

Fue al otro tablero y escribió bajo la definición de demanda inelástica:

SI NO CUESTA MUCHO

O TIENE POCOS SUBSTITUTOS,

SU DEMANDA PROBABLEMENTE SERÁ INELÁSTICA;

AUMENTE EL PRECIO PARA AUMENTAR LOS INGRESOS.

Y eso es un buen resumen de lo que hemos dicho acerca de la demanda inelástica. El problema que se presenta al tratar de aplicar estos principios es que a menudo encontramos casos en que los dos indicadores apuntan en diferentes direcciones: cosas que valen mucho, pero tienen pocos substitutos, o cosas que no valen mucho, pero tienen muchos substitutos. Entonces nos fallan nuestros principios generales, y la única solución es encontrar un economista para que trate de estimar la elasticidad.

¿Hay preguntas sobre alguno de estos puntos?

Por un momento pareció que el barbado de la fila de atrás iba a preguntar algo. Pero no lo hizo. El profesor agregó:

— Un tercer factor que desempeña un papel importante en la determinación de las elasticidades es el tiempo. Es de esperar que la demanda de un producto será más elástica a largo plazo que a corto plazo. En parte, porque a los consumidores les toma algún tiempo responder a un cambio de precio. Es decir, les toma algún tiempo reconocer que el precio de un producto particular ha subido y ajustar sus patrones de consumo a esa nueva situación. Esto en parte se debe a que muchos productos que los consumidores compran son complementarios de otros bienes que ya poseen, y tienen que pasarse a otros tipos de bienes para reducir su consumo.

A corto plazo, los consumidores pueden responder a los aumentos en los precios de la gasolina cambiando sus hábitos de conducción. Pero con el tiempo pueden comprar automóviles que sean más eficientes en el consumo de la gasolina. Cuando el precio del aceite para la calefacción de la casa comienza a subir, la gente puede reducir su consumo "graduando hacia abajo" sus termostatos, colocando cintas para aislar puertas y ventanas y aumentando el aislamiento interior. Con el tiempo pueden reemplazar sus estufas de aceite por otras de gas, o por estufas de madera o calefacción solar. Pero estos ajustes toman tiempo. En conclusión, es de esperar que la elasticidad aumentará con el tiempo.

— ¿Quiere usted decir que es de esperar que la demanda de un producto responda más a los cambios en los precios en períodos largos que en períodos cortos? — preguntó el joven de la camisa amarilla.

— Usted captó bien eso.

La mujer pelirroja preguntó:

— ¿Eso es todo lo que hay que hacer para tener utilidades? Quiero decir: ¿Es simplemente cuestión de encontrar el precio que maximice los ingresos?

— Bueno, eso es todo lo que hay que hacer en casos en que los costos no sean importantes, y hay casos en que no lo son. Por ejemplo, si usted es la gerente de la sala de cine local, los mayores costos que enfrentará son los de arrendamiento de las películas, y éstos han sido fijados en sus contratos con los distribuidores. De modo que el objetivo viene a ser fijar los precios de las entradas para así maximizar sus ingresos.

Por otra parte, hay muchas situaciones en que los costos representan una consideración importante en la búsqueda de la maximización de ingresos. En estos casos, la maximización de ingresos significa escoger el nivel de producción en el cual la diferencia entre costos e ingresos sea mayor.

Para subrayar el punto, fue al tablero y escribió:

CUANDO LOS COSTOS VARÍAN CON LA PRODUCCIÓN,

MAXIMIZAR LAS UTILIDADES SIGNIFICA

ENCONTRAR EL NIVEL DE PRODUCCIÓN EN QUE

LA DIFERENCIA ENTRE INGRESO TOTAL

Y COSTO TOTAL SEA LA MÁS ALTA.

— Ahora bien — siguió —, un importante concepto de costos que usamos los economistas es la distinción entre costos fijos y costos variables. Los costos fijos son los que no varían cuando la producción cambia: el arrendamiento de edificios y maquinarias, los pagos de intereses sobre préstamos, los seguros, etc. Son costos que uno tiene que pagar inclusive los domingos cuando está cerrado, y se llaman costos fijos porque no cambian con la producción. Son fijos. ¿Entienden?

Pero los costos variables sí cambian cuando la producción cambia, y los elementos de los costos variables son cosas tales como salarios para los empleados pagados por hora, costos de materiales, cuentas de servicios públicos, etc.

Hacemos la distinción porque los costos variables son los *únicos* costos que ustedes deben tener en cuenta cuando toman decisiones acerca del nivel de producción que van a tener. Los costos fijos no son importantes en este tipo de decisiones porque no hay nada que hacer a ese respecto. Por definición, son los costos que no cambian cuando cambia la producción. Son — hizo una pausa para recalcar el punto — fijos.

Por ejemplo, el otro día apareció una historia en el periódico con este titular: "Los costos de conducción ascienden a catorce y medio centavos por kilómetro", artículo que informaba sobre los resultados de un estudio anual realizado por la Asociación Automovilística Americana. Lo que ellos hacen es tomar un automóvil nuevo, de tamaño mediano, y calcular todos los costos de operarlo durante un año — seguro, licencia, registro, impuestos, depreciación, costos financieros, mantenimiento, gasolina, aceite y llantas — basándose en el supuesto de que se conduce veinticuatro mil kilómetros por año. Este año les resultó algo así como tres mil quinientos veinticinco dólares. Luego dividieron esa suma por veinticuatro mil, y les resultó catorce y medio centavos por kilómetro.

La pregunta es: ¿Esto es correcto? ¿Les cuesta realmente catorce centavos y medio por kilómetro conducir su automóvil?

— Bueno, eso depende — dijo el joven de la camisa amarilla —. Si uno tiene un automóvil más viejo . . .

Y hasta ahí no más llegó.

— Ciñámonos al ejemplo que hemos puesto — dijo el profesor —. Lo que quiero resaltar aquí es que constituye un error sumar al mismo tiempo los costos fijos y los costos variables cuando se estén tomando decisiones. Eso fue exactamente lo que hicieron en la historia que apareció en el periódico. Algunos de los costos incluidos, como son seguro, licencia, registro, impuestos y gastos financieros, son fijos.

No cambian por el hecho de que usted maneje más o maneje menos. Son los costos de *ser dueño* de un automóvil. Los costos variables en este caso son gasolina, aceite y llantas. Son los costos variables de *conducir* su automóvil.

— Ah — dijo el joven de amarillo —, ya veo.

— Ahora, permítanme mostrarles cómo el hecho de mezclar estos dos costos puede llevarlos a tomar decisiones equivocadas. Supongan que quieren ir a Springfield, que está a unos doscientos ocho kilómetros de aquí, y volver. Si ustedes creen lo que leyeron en el periódico, ¿cuál sería ese costo?

Los dedos del joven de amarillo volaban sobre las teclas de su calculadora.

— Sesenta dólares con treinta y dos centavos — dijo Becky.

— Y supongan que pueden tomar un bus de ida y vuelta por treinta dólares. ¿Qué harían?

— Tomar el bus dijo el joven —. Así podría ahorrar, mmm... treinta dólares con treinta y dos centavos.

— ¿Sí podría? Pensemos un minuto. Los catorce centavos y medio por kilómetro incluyen *todos* los costos del automóvil. Los costos importantes aquí son los costos de *conducir* el automóvil. Y éstos son cinco centavos por kilómetro, o sea unos veintiún dólares por ir a Springfield y volver. Ustedes tienen que pagar todos los costos de *poseer* el automóvil — los costos fijos — sea usándolo o dejándolo en el garaje. ¡Y por eso la gente que tiene automóvil lo usa y la gente que no lo tiene monta en bus!

A continuación se fue al tablero y escribió:

LOS COSTOS VARIABLES

SON LOS COSTOS QUE SE DEBEN CONSIDERAR

AL TOMAR DECISIONES

SOBRE QUÉ NIVEL DE PRODUCTO PRODUCIR.

— La distinción entre costos fijos y variables — dijo — nos explica también por qué tiene sentido el hecho de que en ocasiones algunas firmas operen con pérdida.

— Pero ¿cómo — preguntó el de la barba — puede tener sentido que una firma opere con pérdida? Si está perdiendo dinero, ¿no debiera cerrar?

— Eso depende. En algunos casos, lo más sensato es cerrar. Sin embargo, en otros casos sí tiene sentido seguir produciendo y simplemente sufrir las pérdidas. Depende de qué enfoque la lleve a tener las menores pérdidas. Si la firma cierra, no tendrá ingresos, pero sí tendrá que seguir cubriendo sus costos fijos. De modo que sus pérdidas serían iguales a sus costos fijos. Si puede producir y cubrir todos sus costos variables, y al menos parte de los fijos, tiene sentido que la firma opere con pérdida. Si usted piensa en esto, probablemente recuerde haber oído de muchos casos de firmas que operan con pérdida. Hace algunos años, todas las grandes empresas fabricantes de automóviles estaban perdiendo dinero. Recientemente, las aerolíneas también han estado atravesando tiempos difíciles.

Por supuesto, si las firmas siguen teniendo pérdidas, si no se vislumbra solución, a la larga algunas probablemente tendrán que dejar la industria. Pero a corto plazo, mientras puedan cubrir todos sus costos variables y algunos de los fijos, tiene sentido que produzcan y tengan una pérdida.

Ahora bien, hay otros dos conceptos importantes que tenemos que entender: el costo promedio y el costo marginal.

Se dirigió al tablero y escribió:

EL COSTO PROMEDIO

ES EL COSTO TOTAL

DIVIDIDO POR EL PRODUCTO TOTAL.

•

EL COSTO MARGINAL
ES EL CAMBIO EN EL COSTO TOTAL
DEBIDO A UN
CAMBIO EN EL PRODUCTO.

— El costo promedio — prosiguió —, tal como los economistas usan esta expresión, es lo que la gente tiene en mente cuando habla de costo por unidad. El costo marginal es el costo de producir una unidad *adicional*. La diferencia entre los dos es fácil de entender si ustedes piensan en función de su promedio de calificaciones. Todos ustedes llegaron a esta clase con algún punto promedio de calificaciones; un punto alto, me imagino. Supongan que es una "B" y que sacan una "A" en este curso, por inverosímil que sea. ¿Qué le sucede a su promedio? Obviamente sube. Por otra parte, si sacan una "C", su promedio caerá. De modo que si ustedes piensan que este curso es su "curso marginal" — la nota extra que se agrega al total — resulta claro que una calificación marginal más alta elevará su promedio y que una calificación marginal más baja lo reducirá. Así que, si los costos promedio están cayendo, es porque los costos marginales son inferiores al promedio de costos. Si los costos promedio están subiendo, es porque los costos marginales son más altos que los costos promedio.

Costo marginal — dijo pontificalmente — es la reina de los conceptos de costos.

— ¿Cuál es entonces el rey? — preguntó el de la barba.

— El rey — dijo categóricamente — está muerto.

— ¿Qué quiere decir con eso? — le pregunté a Becky.

— Elvis — susurró ella.

— El otro lado de la ecuación de utilidades tiene que ver

con los ingresos. Los ingresos de la empresa dependen del precio de su producto y del número de unidades vendidas. Por eso, cualquier discusión sobre ingresos incluye necesariamente una discusión sobre la curva de demanda que la empresa pudiera enfrentar. La curva de demanda de un producto muestra la relación entre el precio del producto y el número de unidades del producto que la empresa puede vender.

En términos amplios y generales, los economistas identifican dos diferentes situaciones de demanda que la empresa puede enfrentar. Una de ellas es conocida como un mercado perfectamente competitivo. En una situación de mercado perfectamente competitivo, la industria está formada por un gran número de empresas pequeñas, un gran número de compradores independientes, y cada empresa produce un producto idéntico. Puesto que cada empresa es pequeña en relación con el tamaño del mercado, ninguna de ellas puede influir en el precio del producto al aumentar o disminuir la cantidad que produce. Puesto que hay un gran número de compradores, ninguno de ellos puede influir en el precio. Y, puesto que todas las empresas tienen productos que son idénticos, ninguna puede cobrar por su producto un precio distinto del de sus competidores. De modo que los mercados competitivos se caracterizan por el llamado "comportamiento de aceptar los precios". Es decir, los compradores individuales y los vendedores se comportan como si no pudieran ejercer ninguna influencia en el precio.

— Esto — dijo el de la barba — simplemente no me parece muy realista. Es decir, ¿no está la mayor parte de los mercados dominada por unas pocas empresas grandes que fabrican productos que se diferencian, al menos un poquito, de los de sus competidores?

— Bueno — dijo el profesor — éste es un punto interesante, y quisiera responderlo de varias maneras. Primero, sí hay algunos mercados en el mundo real que en buena parte corresponden al modelo de competencia perfecta. Los mercados de productos agrícolas como frutas, legumbres, cereales, leche, carne, son de este tipo. Y hay otros mercados, el mercado de acciones y el mercado de bonos, por ejemplo, que operan al estilo de un mercado competitivo. Segundo, indiqué que también vamos a examinar otros tipos de mercados. Tercero, el modelo de competencia perfecta es atractivo desde un punto de vista pedagógico, porque es fácil de entender. De modo que, tanto porque hay casos en que el modelo nos puede ayudar a entender cómo funcionan los mercados como porque es un punto fácil para comenzar, resulta aconsejable dedicar algún tiempo a analizar cómo operaría un mercado perfectamente competitivo.

— No estoy seguro — dijo el joven de amarillo — de qué es lo que usted quiere decir con "comportamiento de aceptar los precios".

— Bueno, piense por un momento en esto: En la mayor parte de los casos aceptamos los precios que nos cobran, ¿no es cierto? La última vez que usted fue al almacén de víveres ¿regateó el precio de algún artículo? ¿Logró una rebaja en su almuerzo de hoy?

— Pues no.

— Ese es el comportamiento de aceptar los precios. Bueno, ¿hay otra pregunta al respecto?

No la hubo.

— Muy bien. Puesto que cada empresa es muy pequeña en relación con el tamaño del mercado total, el resultado es que puede vender tanto más, o tanto menos, según quiera, al precio del mercado. Cuando el granjero Jones lleva su trigo al mercado, no lleva tanto como para causar una caída de precios. Si la cosecha de maíz del granjero Smith se malogra, esto de por sí no hace que se disparen los precios del maíz. Yo puedo vender todas mis acciones de la IBM y, con lo que reciba, comprar acciones de la GM sin que esto produzca una baja en las acciones de la IBM o un alza en las de la GM.

De modo que en una situación de competencia se pueden calcular los ingresos totales de la empresa simplemente multiplicando el precio vigente en el mercado por el número de unidades que la empresa vende. Y el ingreso marginal de la empresa, que es la cantidad en que aumenta el ingreso total al vender una unidad adicional, será igual al precio del producto. Por ejemplo, supongan que somos un agricultor que produce trigo, y que el trigo se vende a cuatro dólares el bushel.* Nuestro ingreso total será de cuatrocientos dólares si vendemos cien bushels y de cuatrocientos cuatro dólares si vendemos ciento un bushels. De modo que el aumento en nuestros ingresos por haber vendido un bushel más — o sea nuestro ingreso marginal — es de cuatro dólares, que es igual al precio del producto.

Eso significa que la empresa siempre puede aumentar sus ingresos aumentando la cantidad del producto que vende. La dificultad está en que, a medida que la firma aumenta su producción, también aumentan sus costos. Por eso, como ya vimos, el problema de maximizar las utilidades es un problema de elegir el nivel de producción en el cual la diferencia entre ingresos y costos sea la más alta.

Ahora bien, el costo marginal nos muestra lo que les está sucediendo a los costos totales cuando aumentamos la producción, y el ingreso marginal nos dice lo que le está sucediendo al ingreso total a medida que aumentamos la producción. En realidad, el costo marginal es la tasa a la cual está cambiando nuestro costo total, y el ingreso marginal es la tasa a la cual está cambiando nuestro ingreso total. Aquéllos de ustedes que han tomado un curso de cálculo, reconocerán que la curva de costo marginal es la primera derivada de la curva de costo total y que el ingreso marginal es la primera derivada de la curva de ingreso total.

---

* En EE. UU., 35.24 litros [N. del Ed.].

La regla de maximización de utilidades dice que debemos llevar nuestra producción hasta el punto en que el ingreso marginal es igual al costo marginal.

Luego, para subrayar el punto, fue al tablero y escribió:

PARA MAXIMIZAR LAS UTILIDADES,

PRODUZCA DONDE

EL INGRESO MARGINAL

ES IGUAL

AL COSTO MARGINAL.

— Esa — dijo — es nuestra regla de maximización de utilidades. Quiero retroceder en el tema para darles una explicación al respecto, mostrándoles que si el ingreso marginal no es igual al costo marginal, la empresa puede o bien aumentar o reducir su producción y realizar una utilidad más alta.

Si el ingreso marginal es mayor que el costo marginal, la empresa tiene la posibilidad de aumentar sus ingresos si aumenta la producción. Por ejemplo, si la empresa está produciendo a un nivel de producción en el que el ingreso marginal es de dos dólares y el costo marginal es de un dólar con cincuenta, es lógico que puede beneficiarse aumentando su producción. Al producir una unidad adicional, les agrega dos dólares a sus ingresos y solamente un dólar con cincuenta a sus costos, de modo que las utilidades aumentarían en cincuenta centavos si aumentara la producción en una unidad más. Sin embargo, a medida que la firma aumenta su producción, los costos marginales suben, y deberá incrementar su producción hasta el punto en que el ingreso marginal sea exactamente igual al costo marginal. En ese

punto, la última unidad producida aumentaría el ingreso
en dos dólares y los costos en dos dólares, y las utilidades
serían las mayores posibles.

Por otra parte, si el costo marginal es mayor que el ingreso
marginal, la empresa puede aumentar sus utilidades reduciendo la producción. Supongamos que está produciendo a
un nivel en el cual el costo marginal es de dos dólares con
cincuenta y el ingreso marginal es de dos dólares. Esto quiere
decir que acabamos de vender por dos dólares algo que nos
costó dos con cincuenta. Este modo de obrar no es muy
inteligente. Así que, ¿qué debemos hacer?

— Disminuir la producción — dijo Becky.

— ¿Y qué sucederá?

— Bueno — dijo Becky —, al reducir la producción en
una unidad, reduciríamos nuestro ingreso en dos dólares y
nuestros costos en dos con cincuenta. De modo que gana-
ríamos cincuenta centavos.

— Lo siento, señor, pero me temo que no lo entiendo —
dijo el joven de la camisa amarilla.

— Supongamos — dijo el profesor — que usted va cami-
nando por la calle, y alguien viene hacia usted y le dice:
"Excúseme, ¿podría cambiarme un billete de cinco dólares?", y usted le contesta: "No, lo siento; todo lo que tengo
son tres dólares" y el otro le dice: "Está bien, acepto". ¿Haría
usted el trato?

— ¿Que si yo estaría dispuesto a cambiar con alguien tres
dólares por cinco dólares?

— Esa es la pregunta.

— Por supuesto.

— En esa transacción su costo marginal es de tres dólares
y su ingreso marginal de cinco dólares, y usted diría que ese
cambio es un buen negocio, ¿no es cierto?

— Sí.

— Esa es la situación en que se encuentra si está produciendo a algún nivel de producción en que el ingreso mar-

ginal es mayor que el costo marginal. Si se encuentra en esa posición, lo mejor que puede hacer es aumentar la producción. El problema es que tarde o temprano su costo marginal comenzará a subir. Con el tiempo el costo marginal subirá hasta el punto en que es igual al ingreso marginal, y ésa es la producción que usted querrá tener para así maximizar sus utilidades. Tal como le dije antes, mientras el ingreso marginal supere al costo marginal, usted tiene la posibilidad de aumentar sus utilidades, aumentando la producción. ¿Ahora sí lo entiende?

— Sí.

— Bien. Veámoslo desde el otro lado. Suponga que es usted quien quiere cambiar el billete de cinco dólares. Si la primera persona a la que usted se dirige le contesta, "No, lo siento; todo lo que tengo son tres dólares", ¿usted aceptaría?

— Bueno . . . no; no aceptaría.

— ¿Por qué no?

— Bueno, porque en ese caso mi costo marginal sería de cinco dólares y mi ingreso marginal de tres solamente.

— Correcto; y si usted se encuentra produciendo a un nivel de producción en el cual el costo marginal es mayor que el ingreso marginal, lo más aconsejable es que reduzca la producción. Mientras haga esto, su costo marginal disminuirá. Tarde o temprano bajará hasta el punto en que iguale al ingreso marginal, y ése será el nivel de producción que le conviene. ¿Entiende ahora?

— Sí.

— Suponiendo que usted tiene opción, no tiene sentido producir en punto distinto a aquél en el cual el ingreso marginal iguala al costo marginal. Cualquier otro nivel de producción implicará utilidades más bajas.

— Sí, señor — dijo el hombre —. Ahora entiendo. Gracias.

— Una vez que usted lo aprende a manejar, el razonamiento marginal es un instrumento poderoso. Y lo puede aplicar a toda clase de situaciones.

Por ejemplo, suponga que usted está montando una campaña publicitaria y tiene que calcular cómo asignar sus gastos entre radio, televisión y prensa. Lo que debe hacer es repartir su presupuesto de tal modo que el último dólar que gaste en cada tipo de publicidad agregue la misma cantidad a sus ventas. O sea, usted debe igualar el costo marginal de cada tipo de publicidad con el ingreso marginal que éste le genera, e igualar los costos e ingresos marginales de cada uno con los de los otros.

En seguida escribió:

TIENE SENTIDO ECONÓMICO

PROSEGUIR CUALQUIER ACTIVIDAD

HASTA EL PUNTO EN QUE

EL BENEFICIO MARGINAL DE ELLA

SEA IGUAL A

SU COSTO MARGINAL.

Luego expresó:

— Si el ingreso marginal, o adicional, que usted obtiene de la publicidad radial es mayor que su costo marginal, entonces puede aumentar sus utilidades, aumentando sus gastos en radio. Y, si un dólar adicional gastado en un aviso de prensa aumenta sus ingresos más que un dólar gastado en televisión, entonces debería gastar ese dólar en un aviso de prensa. La noción de que uno debe igualar cosas al margen como ésta es la esencia misma del razonamiento microeconómico. Por esta razón anteriormente dije que el costo marginal es la reina de los conceptos de costos. Por la misma razón, el ingreso marginal es la reina de los conceptos de ingreso.

Ahora bien, volvamos al modelo de competencia perfecta. Puesto que en un mercado perfectamente competitivo el ingreso marginal es igual al precio, eso quiere decir que el precio será igual al costo marginal. De hecho, los economistas dicen que "la competencia perfecta se caracteriza por precios basados en el costo marginal".

Pero para que podamos decir algo más sobre las utilidades, debemos examinar la relación entre precio y costo promedio. Si el precio es superior al costo promedio, quiere decir que la empresa está obteniendo una utilidad, y la utilidad por unidad será igual a la diferencia entre precio y costo promedio.

Es posible, desde luego, que el precio esté por debajo del punto más bajo posible en la curva de costo promedio de la empresa. En este caso no existe nivel alguno de producción en que la empresa pueda obtener una utilidad y el deseo de maximizar utilidades se convierte en un deseo de minimizar pérdidas. Y, como ya lo hemos visto, siempre que la empresa pueda producir y cubrir sus costos variables, y al menos parte de los fijos, tiene sentido que produzca y tenga pérdidas.

Con el tiempo, si la empresa sigue sufriendo pérdidas, dejará la industria. Al hacerlo, la oferta del producto disminuirá y el precio subirá. Las empresas seguirán dejando la industria hasta el punto en que el precio suba y llegue a ser al menos igual al costo promedio, y las empresas que permanezcan queden en una situación en la cual ni ganen ni pierdan, puesto que sus gastos serán iguales a sus ingresos.

Por otra parte, el precio debe ser lo suficientemente alto como para que las empresas existentes en la industria estén obteniendo utilidades. En este caso, las utilidades de las empresas existentes atraerán a nuevas empresas a la industria. Pero a medida que las nuevas empresas ingresen en la industria, aumentará la oferta del producto y el precio comenzará a caer.

De modo que la tendencia a largo plazo en un mercado competitivo llevará a que el precio sea igual al costo promedio, y a que las utilidades sean iguales a cero.

— Ahora — dijo la pelirroja — permítame ver si entendí bien. Si el precio es superior al costo promedio, las empresas existentes obtendrán utilidades. ¿Correcto?

— Así es.

— Y esto hará que nuevas firmas quieran entrar en la industria, lo cual llevará a una caída del precio, de modo que, con el tiempo, las utilidades desaparecerán.

— Correcto.

— Por tanto — continuó ella — todo el esfuerzo por obtener utilidades es realmente contraproducente.

— Bueno, sí y no. A corto plazo, existe la posibilidad de que lleguen nuevas empresas y compartan las utilidades. Pero a largo plazo, las utilidades sí desaparecen. Cuando usted lo ve en esta forma, resulta irónico, ¿no es cierto? Pero así es como se supone que funciona el maravilloso mundo competitivo de Adam Smith. El deseo que las empresas tienen de obtener utilidades las lleva a desarrollar nuevos productos y nuevas técnicas de producción; pero, finalmente, la competencia de otros productores hace bajar los precios hasta un punto en que las utilidades desaparecen por completo.

— Pero ¿por qué razón una empresa quisiera seguir operando cuando no realiza utilidad alguna? — preguntó el joven de la camisa amarilla.

El profesor pensó un momento y dijo:

— Bueno, esto nos lleva a un tema que no había pensado discutir hoy; pero ya que surgió, vamos a examinarlo.

La versión breve de nuestra historia es que los economistas tienen una noción de las utilidades que es un poco diferente de la de los contadores. La diferencia radica en la forma en que pensamos acerca de los costos. Los economistas establecen la diferencia entre costos explícitos y costos implícitos.

Los costos explícitos son gastos que salen del bolsillo. Representan desembolsos en efectivo, y son la única clase de costos que los contadores tienen en cuenta.

Los costos implícitos, o costos de oportunidad, son los costos ocasionados al tomar una medida en lugar de otra. Es esta noción de costos de oportunidad la que lleva a los economistas a afirmar: "No hay cosas tales como almuerzos gratis".

Una forma de mirar esta distinción es reflexionar acerca de la siguiente pregunta: "Si la cárcel es gratuita, ¿por qué no hay más gente presa?"

Escudriñó la clase. Nadie parecía dispuesto a dar una respuesta.

— Pensemos en ello un minuto — dijo. Si ustedes van a la cárcel, consiguen techo y tres comidas al día, y todo eso gratis. Tienen televisión y toda suerte de equipos recreativos como mesas de ping pong y de billar. Así que, ¿por qué la gente no está haciendo cola frente a la cárcel, dando golpes en la puerta para que la dejen entrar?

— Bueno — dijo Becky —, puede que no haya ningún costo explícito al ir a la cárcel. Pero hay costos de oportunidad. Uno no puede ir a ninguna parte o...

— Correcto — dijo él —. Si miramos solamente los costos explícitos de ir a la cárcel, parece una buena idea. Pero si tomamos en cuenta los costos implícitos, o de oportunidad, de ir a la cárcel, no parece tan apetecible idea después de todo. Lo importante aquí es que los economistas creen que hay que tener en cuenta *todos* los costos, tanto implícitos como explícitos, al evaluar distintas alternativas de acción. Este razonamiento debe tener alguna validez, puesto que la última vez que pasé por la cárcel, no había una cola de personas dando golpes en la puerta para lograr entrar.

Se dirigió hacia el tablero y escribió:

LOS COSTOS IMPLÍCITOS
O COSTOS DE OPORTUNIDAD SON LOS COSTOS
DE LA MEJOR ALTERNATIVA
DESAPROVECHADA.

— Otro caso que nos ilustra la importancia de distinguir entre costos explícitos y costos de oportunidad es el costo de ir a la universidad. Si ustedes examinan la mayor parte de los catálogos de las universidades encuentran estimativos de costo que incluyen cosas tales como enseñanza y derechos de admisión, cuarto y comida, libros, viajes y varios. Si le aplicamos un poco de razonamiento económico al problema, vemos que esa lista no es del todo correcta.

Primero, no está bien incluir cuarto y comida en nuestra lista. El hecho es que ustedes van a comer y a vivir bajo techo, vayan o no a la universidad. Así que los gastos de cuarto y comida no hacen parte de los costos de ir a la universidad. Constituyen uno de esos costos fijos que no son importantes desde el punto de vista de adoptar la decisión de ir a la universidad.

Segundo, hay un costo importante de ir a la universidad que no aparece en esta lista. Cuando ustedes están estudiando, dejan a un lado la alternativa de trabajar tiempo completo. El ingreso que dejan de recibir por no trabajar es un costo importante — un costo de oportunidad — de ir a la universidad. Por ello los que reciben un título universitario generalmente ganan más que los que sólo tienen educación secundaria. Debemos compensarlos por el ingreso que no percibieron por haber ido a la universidad.

Ahora bien, volvamos a las utilidades. Cuando los economistas hablan de utilidades, están hablando realmente de la diferencia entre ingresos totales y costos *totales*, lo cual incluye costos implícitos y explícitos. De modo que las utilidades económicas son, en realidad, una ganancia pura. Significa dinero que está por encima de lo que se necesita para cubrir todos los costos de oportunidad de la empresa. Son las utilidades económicas las que se disputa la competencia a medida que nuevas empresas llegan a formar parte de la industria.

— Pero ¿qué pasa si las empresas nuevas no pueden entrar en la industria? — dijo el tipo de la barba.

— Bueno, ése es un punto muy interesante. Lo que usted está preguntando, si me permite formular de nuevo su pregunta, es: ¿qué pasará si hay barreras para entrar en la industria? En términos más generales, su punto es que si yo cambio las suposiciones con que estoy trabajando, llegaré a un conjunto distinto de conclusiones. Y usted está en lo cierto.

En la economía, todos los resultados que obtenemos y todas las conclusiones a que llegamos se basan en una serie de premisas o suposiciones. Si las suposiciones que hacemos no son correctas, entonces muy probablemente estarán equivocados los resultados que obtenemos y las conclusiones que sacamos. En cualquier tipo de análisis basado en la lógica, debemos aceptar las conclusiones a que nos llevan nuestras suposiciones. Creo que esto era lo que estaba pensando Ciardi cuando escribió "Una Fábula del Missouri".

En seguida leyó:

Una Fábula del Missouri
por John Ciardi

Un buen día, sin pensarlo
mucho, un hombre llamado
Finchley irrumpió en los
predios del Sr. Billy Jo Trant
de esta región. Pretendía con
esta entrada delictiva despojar
al Sr. Billy Jo de varias
propiedades; pero al producir
un ruido sin pensarlo
suficientemente, despertó al
Sr. Billy Jo, quien tomó un
Colt 0.45 e, improvisando el
orden de su refutación,
disparó tres veces en forma
totalmente certera, y después
dijo "¡Manos arriba!" sin
considerar que el hombre que
alguna vez se llamó Finchley
no estaba escuchando tan
cuidadosamente como habría
podido escuchar si el Sr. Billy
Jo se hubiera propuesto
discrepar de él en un orden
ligeramente diferente.

Moraleja: Métase en un predio
ajeno, y quizá, como
consecuencia lógica, tenga
que aceptar la conclusión del
dueño.

Eso les pareció a todos muy divertido. Sin embargo, la
clase se volvió a sosegar.

Entonces manifestó el profesor:

— En el maravilloso mundo de Adam Smith, toda la economía está compuesta por mercados perfectamente competitivos. Ustedes recordarán...

Fue al tablero y escribió:

EN UN MERCADO PERFECTAMENTE COMPETITIVO:

HAY UN GRAN NÚMERO DE

COMPRADORES Y VENDEDORES INDEPENDIENTES;

LOS PRODUCTOS DE LOS PRODUCTORES SON

IDÉNTICOS; Y

NO HAY BARRERAS PARA ENTRAR.

— Obviamente — agregó —, el mundo en que vivimos difiere de éste otro en muchos aspectos importantes. Por ejemplo, en 1980, las cien empresas manufactureras más grandes de los Estados Unidos controlaban cerca del cuarenta y siete por ciento de todos los activos manufactureros. Es una cifra asombrosa si se tiene en cuenta que en ese año había casi quinientas mil empresas manufactureras en el país. Las ventas de la Exxon, que es la mayor empresa manufacturera de los Estados Unidos, superan el producto nacional bruto de todos los países del mundo, con la sola excepción de veinte. En efecto, si la Exxon fuera un país, estaría catalogado muy alto, con Yugoeslavia y Suiza, y muy por encima de unos ciento veinte países.

Las diferencias entre el mundo en que vivimos y el sistema de mercado competitivo de Adam Smith son tan significativas que hasta nosotros los economistas nos hemos dado cuenta de ellas y hemos desarrollado modelos que nos ayudan a entender cómo operan otros tipos de estructuras de mercado.

Sin embargo, sería un error descartar lo que Smith y sus seguidores tenían que decir. Dadas sus suposiciones, habría la tendencia a que las utilidades quedaran aniquiladas a largo plazo. Y muchas, si no la mayoría, de las desviaciones de estas suposiciones que encontramos en el mundo real son el resultado de decisiones que toman las empresas conscientemente, y su objetivo es evitar ese irónico cambio de destino que Smith identificó.

Algo que las empresas pueden hacer para evitar la presión de la competencia es diferenciar sus productos de los de sus competidores. Si su producto es único en alguna forma, pueden ejercer algún control en el precio. Es decir, pueden variar el precio de su producto sin que pierdan todas sus ventas. Esto es lo que los economistas llaman competencia no relacionada con los precios, y es muy común allá afuera en el mundo real.

Las llamadas "guerras de las hamburguesas" son un caso muy ilustrativo. Podemos escoger entre las hamburguesas "asadas al fuego" de Burger King, las "jugosas y picantes" de Wendy's y la Big Mac de McDonald.

Sin mencionar, dije para mis adentros, el Bison Burger.

Prosiguió luego:

— La sección de cereales de su almacén de víveres es otro sitio interesante para investigar la diferenciación de productos. Allí es exuberante. El surtido es inmenso, desde Captain Crunch hasta Count Chocula y desde Frankenberry hasta Smurf Berry Crunch, hasta Total, hasta Product 19, hasta Special K. Uno de los últimos, si no me equivoco, es el C3 de PO, algo así como dos Cheerio's juntos.

La industria automotriz también nos ofrece algunos ejemplos interesantes. En la Ford Motor Company, donde "la calidad es la Tarea No. 1", se puede escoger entre un Thunderbird/Cougar o un Escort/Lynx. En la Chrysler, donde "una Revolución Americana" está en marcha, tenemos el Dodge Omni/Plymouth Horizon y el Dodge Colt/Plymouth Champ. "Nadie suda los detalles como la GM", y ellos tienen el Chevy Camaro/Pontiac Firebird, el Oldsmobile Cutlass/Buick Regal, etcétera.

Luego está la Compañía Embotelladora de Coca-Cola, con su famosa fórmula secreta. Ellos producen Coca-Cola corriente, Coca-Cola Dietética, Coca-Cola sin Cafeína y Coca-Cola Dietética sin Cafeína. El único desafío que hasta ahora han pasado por alto es la Coca-Cola sin Coca-Cola que, hasta donde yo sepa, estaría hecha de agua carbonatada, cafeína y azúcar.

Repito que el propósito de todos estos casos es que ustedes diferencien su producto del de sus competidores y, en esta forma, se aíslen de las presiones de la competencia. Si tienen éxito, la recompensa será que podrán fijar un precio lo suficientemente alto como para obtener utilidades. Se convertirán en lo que los economistas llaman un fijador de precios, en contraste con un aceptador de precios.

Un subproducto importante de toda esta diferenciación de productos es que los costos de ingeniería, investigación de mercado y publicidad que ésta requiere pueden constituir una seria barrera para entrar en la industria. Es rara la semana en que yo no encuentre una bolsa de plástico colgada en la puerta de entrada de mi casa con algún nuevo champú o un nuevo tipo de detergente. El costo de esta clase de programa promocional es enorme, y el objetivo es simplemente implantar un nuevo producto.

Uno de los medios de que se vale la corporación moderna para reducir las presiones competitivas es simplemente comprar las empresas competidoras. Algunos de los ejemplos más recientes incluyen la compra de Schlitz por Stroh Brewery Company y los esfuerzos de la Standard Oil de California por comprar la Gulf Oil Company. Desde luego, también está la compra de Getty Oil por la Texaco. Asimismo, cabe recordar algunos ejemplos anteriores. Hacia 1904, alguien llamado William Crappo Durant decidió que se podía hacer algún dinero fabricando automóviles; de modo que compró las compañías Buick, Cadillac, Oldsmobile y unas veinte más, las agrupó, y a lo que resultó le dio el nombre de General Motors. La historia de algunas compañías como la Standard Oil y la United States Steel, presenta casos similares de crecimiento por fusión. La U.S. Steel, por ejemplo, fue el resultado de ir acoplando ciento treinta y ocho compañías distintas, y en el momento de su consolidación representaba casi el sesenta por ciento de la producción de acero de este país. Ahora, por supuesto, la U.S. Steel está retirándose del negocio del acero, pues dejó de ser particularmente rentable. Como tal vez ustedes sepan, ellos compraron recientemente la Marathon Oil.

En todo caso, nombres tales como *General Motors*, *Standard Oil* y *United States Steel* les dan a ustedes una clave importante acerca de lo que sus fundadores tenían en mente. Ellos no pensaban en pequeño.

En la actualidad, los modelos que los economistas usan para tratar de tener en cuenta estas desviaciones del mundo competitivo de Adam Smith varían a lo largo de las tres dimensiones de la estructura de mercado que hemos identificado: el número de firmas en la industria, la clase de productos fabricados y la facilidad con que nuevas firmas pueden entrar en la industria. Lo que todas estas estructuras de mercado tienen en común es que las empresas que están en ellas enfrentan una curva de demanda cuya pendiente es descendente.

Ustedes recordarán que los competidores perfectos son tan pequeños que pueden vender todo lo que quieran al precio de mercado vigente. Puesto que son idénticos todos los productos que fabrican las empresas que operan en mercados perfectamente competitivos, no hay posibilidad de que una empresa suba su precio y aspire a vender algunos de sus productos. Los compradores sencillamente se pasarían a alguno de sus competidores.

Pero un competidor imperfecto se encuentra en una situación diferente. Puesto que cada empresa que participa en un mercado imperfectamente competitivo probablemente elabora un producto ligeramente distinto del de sus competidores, puede aumentar ligeramente sus precios sin que esto le haga perder todas sus ventas. Sus clientes desarrollan lo que la gente del departamento de mercadeo llama "lealtad a la marca". Y como lo más probable es que controle una parte importante del mercado, sólo puede lograr que la gente compre más rebajando sus precios. Por tanto, las empresas imperfectamente competitivas tienen curvas de demanda de pendiente descendente. Como resultado, deben tener algunas nociones de la elasticidad-precio de demanda de sus productos.

El caso más extremo es el de un monopolio, en que sólo hay una empresa en la industria.

A continuación escribió en el tablero:

EN UN MERCADO MONOPOLÍSTICO HAY:

UN SOLO VENDEDOR;

UN PRODUCTO SIN SUBSTITUTOS CERCANOS;

Y

BARRERAS PARA ENTRAR EN LA INDUSTRIA.

Monopolio — continuó — traducido literalmente, significa un solo vendedor. Las compañías locales de gas y electricidad son un ejemplo. Las empresas de acueducto y alcantarillado también lo son.

Para que una industria esté monopolizada se requiere que

la entrada a la industria esté totalmente cerrada, y hay diferentes tipos de barreras a la entrada.

Una de las barreras más eficaces es el control sobre alguno de los insumos clave en el proceso de producción. Durante años, los DeBeer's han ejercido el control de la producción de diamantes en bruto. Como resultado, han podido controlar el precio de los diamantes. En los primeros años del teléfono, la American Telephone and Telegraph, o Bell System, mantuvo el control de varias patentes clave para el equipo de telecomunicaciones, y no permitió que su subsidiaria manufacturera, la Western Electric Company, les vendiera equipos a las empresas competidoras. Como consecuencia, prácticamente monopolizó la industria de teléfonos. La Aluminum Corporation of America, o Alcoa, llegó una vez a controlar el noventa y cuatro por ciento de todos los yacimientos de bauxita del mundo, y esto le proporcionó un monopolio efectivo de la producción de aluminio.

Otra barrera para entrar en la industria es la existencia de economías de escala. Las economías de escala significan, simplemente, que el costo promedio de las empresas más grandes es más bajo. Como resultado, no es posible que las nuevas empresas entren en el mercado porque sus costos de producción serían muy altos y no podrían competir con éxito con las empresas existentes. Si las economías de escala abarcan un área muy extensa de una industria, se presenta lo que se conoce como monopolio natural. En el caso del monopolio natural, simplemente no es posible que haya más de una empresa en la industria. Los sistemas de agua y alcantarillado son ejemplos clásicos. ¿Cuántos sistemas de agua y alcantarillado suponen ustedes que sería razonable que hubiera en determinada área geográfica?

La respuesta a esta pregunta del profesor era bastante obvia.

Muchos economistas consideran que también el gobierno es una de las mayores barreras que hay para entrar en algunas industrias. Las patentes son el principal ejemplo de lo anterior, porque le garantizan a su dueño los derechos exclusivos de un proceso o de un producto durante diecisiete años. Sin embargo, hay otros casos en que distintos niveles de gobierno actúan para limitar el acceso de las empresas a determinada industria. Por ejemplo, el gobierno federal ha establecido su propio monopolio a través del Servicio Postal de los Estados Unidos al determinar que es ilegal que cualquier otra entidad transporte correo de primera clase. El gobierno federal, actuando a través del Banco de la Reserva Federal, o FED, limita el número de bancos que operan con licencia federal, y los Estados limitan el número de bancos con licencias estatales. Así que, en ambos casos, el gobierno actúa como barrera para entrar en la industria bancaria. Las licencias estatales de toda índole, para todo tipo de negocio, desde médicos, abogados y dentistas hasta peluqueros, barberos y bares, constituyen también barreras para entrar en estos negocios.

Cuando una firma se encuentra en posición de monopolio, ejerce el control absoluto de la oferta del producto. Por tanto, puede controlar el precio en forma efectiva, regulando la cantidad que vende. Y puesto que la empresa monopolista es la única empresa en la industria, debe bajar el precio para aumentar sus ventas.

El problema con los monopolios es que, si les dejan las manos libres, producirán menos y cobrarán por su producto mucho más de lo que cobrarían las empresas en un mercado competitivo. Su capacidad de controlar·la producción de la industria les permite cobrar precios más altos y obtener utilidades de monopolio. De ahí que monopolios como las compañías de gas y electricidad estén regulados por algún tipo de comisión de servicios públicos y que la mayor parte de los sistemas de acueducto y alcantarillado sean operados por alguna agencia gubernamental. En otros casos, el gobierno puede aplicar las leyes antimonopolio para eliminar monopolios existentes. O puede utilizar sus poderes para evitar fusiones e impedir la formación de nuevos monopolios. Si no existiera alguna forma de regulación o de control público, el deseo de maximizar utilidades llevaría a los monopolistas a restringir la producción por debajo del nivel socialmente deseable, con el propósito de mantener altos sus precios.

Un tipo de estructura de mercado menos extremo, y que encontramos con más frecuencia que el de los monopolios, es conocido como industria monopolísticamente competitiva.

Se dirigió al tablero y escribió:

EN LA COMPETENCIA MONOPOLÍSTICA:

HAY UN GRAN NÚMERO DE EMPRESAS,

LOS PRODUCTOS DE LAS EMPRESAS SON

PARCIALMENTE DIFERENCIADOS,

Y NO HAY BARRERAS A LA ENTRADA.

Seguidamente explicó:

— Las industrias monopolísticamente competitivas tienen características tanto de los monopolios como de las industrias perfectamente competitivas; de ahí su nombre un poco molesto. El hecho de que el producto de cada empresa sea ligeramente diferente del de sus competidores, le confiere a la empresa cierto grado de poder monopolístico.

El hecho de que el producto de una empresa *sea* diferente del de otras empresas significa que, dentro de ciertos límites, la empresa puede variar el precio de su producto sin perder todas sus ventas. Por consiguiente, al igual que en el caso de un monopolio puro, la empresa que opera en una industria monopolísticamente competitiva puede fijar sus precios. Como resultado, las empresas de una industria monopolísticamente competitiva pueden obtener a corto plazo utilidades superiores a las que podría obtener un competidor perfecto.

La característica que tienen en común la competencia monopolística y la competencia perfecta es que no hay barreras importantes para entrar en ninguno de estos tipos de mercado. A largo plazo pueden entrar nuevas empresas, y lo harán si las existentes están produciendo utilidades. De modo que, a la larga, los aspectos competitivos de una industria monopolísticamente competitiva harán que las utilidades desaparezcan.

¿Cuáles serían entonces buenos ejemplos de industrias monopolísticamente competitivas?

— ¿Qué tal los automóviles? — respondió el joven de la camisa amarilla.

— Bueno, eso depende de qué parte del negocio está considerando usted. Si está considerando la producción de automóviles, difícilmente calificaría. Los cuatro fabricantes más grandes de automóviles del país producen casi el setenta y cinco por ciento de todos los automóviles de pasajeros que se venden en los Estados Unidos. La sola General Motors cubre en la actualidad cerca del sesenta por ciento de las ventas de automóviles producidos localmente. Sin embargo, si usted se refería a la parte minorista del negocio, su ejemplo sería una buena aproximación a la situación monopolísticamente competitiva. ¿Qué otros ejemplos pueden dar?

— ¿Qué tal los salones de belleza y las peluquerías? — preguntó la pelirroja.

— Esos son muy buenos ejemplos, ¿no es cierto? Hay muchos negocios, y cada uno trata de mantener su propio ambiente distintivo. Están los salones tradicionales, los salones frecuentados por la gente del *jet set*, los de los *punk-rockers*, etc. ¿Pueden citar otros?

— ¿Qué tal el negocio de los restaurantes? — preguntó Becky —. Hay restaurantes chinos, mexicanos, italianos, griegos, restaurantes que se especializan en comida para la salud, en mariscos, carne asada y pizza.

— Es un ejemplo muy bueno. Cada uno trata de forjar su propia identidad mediante el tipo de comida que sirve y de crear su ambiente especial con su decoración y la vestimenta y la conducta de sus empleados. Todos los detalles deben armonizar, desde los platos que forman el menú hasta el tipo de muebles, los individuales y los cubiertos.

El profesor miró alrededor de la clase para ver si otros estudiantes tenían ejemplos que ofrecer, pero, al parecer, nadie tenía nada que agregar.

— En realidad — continuó —, la mayor parte de las empresas con que tratamos a diario operan en mercados monopolísticamente competitivos. Tiendas de víveres, almacenes de licores, bares, almacenes de ropa, droguerías, ferreterías, almacenes de calzado, etc. En casi todos los casos son competidores monopolísticos. En cada caso encontrarán ustedes un número relativamente grande de empresas, y cada empresa ofrece un producto parcialmente diferenciado.

— No entiendo — dijo el joven de camisa amarilla —. Los almacenes de víveres venden toda clase de alimentos diferentes, los de licores venden toda clase de licores diferentes y los almacenes de zapatos tienen diferentes tipos de zapatos. ¿Qué quiere decir usted cuando habla de productos parcialmente diferenciados?

— Bueno, hay un par de cosas que están en juego. En primer término, las empresas minoristas de toda índole ofrecen productos parcialmente diferenciados en el sentido de que su "producto", si así lo quiere llamar, son los términos y las condiciones con que se efectúan las ventas. Los almacenes se diferencian en lo referente a ubicación, arreglo del local, decoro de los vendedores, la forma de exhibir sus productos, y cosas por el estilo. Veamos el caso de los almacenes de calzado, por ejemplo: Hay almacenes con descuento, almacenes para mujeres, para hombres, para niños, para deportes, y quién sabe para qué más. En cada categoría hay también una gran variedad en cuanto a la calidad de los zapatos. Por ejemplo, hay almacenes de calzado para mujer muy costosos, los hay de precio medio y otros que se especializan en zapatos muy baratos.

Eso es lo que quiero decir cuando afirmo que los almacenes minoristas ofrecen productos parcialmente diferenciados.

El otro punto — y es aquí donde creo que usted podría confundirse —, es que en muchas líneas de manufactura hay un gran número de pequeñas empresas que ofrecen productos parcialmente diferenciados. Tomemos el caso de los blue jeans. Están los Levi's, Lee Rider, Wrangler, Calvin Klein, Gloria Vanderbilt, Jordache, J.C. Penney's Plain Pockets y Sears Toughskins, para mencionar sólo los que me vienen a la cabeza en forma inmediata. Cada uno es parcialmente diferenciado. Hay diferencias en la forma en que los bolsillos están embastados, o no embastados, como en el caso de los Plain Pockets. Cada uno es ligeramente diferente en su corte, en la tela que se usa, en la clase de símbolos, firmas o marcas de fábrica que aparecen en ellos. Así que también puede usted encontrar empresas manufactureras que operan en mercados monopolísticamente competitivos. ¿Ya lo ve?

— Sí, gracias —. El joven en realidad parecía haber entendido.

— Ahora bien — continuó el profesor —, la estructura del mercado monopolísticamente competitivo ofrece dos características importantes.

Luego fue al tablero y escribió:

Dos CARACTERÍSTICAS IMPORTANTES DE LA

COMPETENCIA MONOPOLÍSTICA SON:

La PUBLICIDAD Y

OTRAS FORMAS DE COMPETENCIA

NO RELACIONADAS CON LOS PRECIOS

Y EXCESO DE CAPACIDAD.

— Primero — prosiguió — tengamos en cuenta que en la competencia monopolística se invierte una gran cantidad de dinero en actividades que tienden a diferenciar un producto de otro. En realidad, esta forma de competencia no relacionada con los precios es la que hace funcionar un mercado monopolísticamente competitivo; se destaca en los presupuestos de publicidad y mercadeo de estas empresas y en la cantidad de tiempo que gastan los ingenieros y diseñadores en variaciones menores de los productos para diferenciarlos entre sí.

La otra característica que debemos enfatizar es que las industrias monopolísticamente competitivas tienden a abarcar demasiadas empresas que operan por debajo de su capacidad óptima. Veamos, por ejemplo, el caso de las peluquerías. No sé si ustedes habrán notado cuando pasan por una peluquería típica que las sillas están siempre llenas — se detuvo un momento y luego continuó — llenas de peluqueros.

Esta observación fue recibida con grandes carcajadas. Luego continuó:

— Otro ejemplo de cómo las industrias monopolísticamente competitivas tienden a abarcar muchas empresas, cada una de las cuales opera por debajo de su capacidad óptima, es el triste caso del negocio de venta de gasolina al por menor. Años atrás, en la época de la gasolina barata, había una estación de servicio en casi todas las esquinas. En muchos casos, más de una. En efecto, en 1972 había cerca de doscientas veintiséis mil estaciones de servicio en los Estados Unidos. Cuando los países de la OPEP comenzaron a aumentar el precio del petróleo crudo en 1973, los precios de la gasolina empezaron a subir. Los aumentos del precio de la gasolina hicieron que la gente redujera sus compras, y comenzaron a cerrar gasolineras por todas partes. En 1983 sólo quedaban unas ciento treinta y siete mil estaciones de servicio en todo el país.

Algún día, alguien debiera hacer un estudio de los negocios tan diversos en que fueron convertidas las estaciones de servicio. En mi viejo pueblo natal, a lo largo de un tramo de la carretera, han reaparecido en todas las formas, desde un almacén de discos y casettes, hasta un restaurante mexicano, un lavadero de automóviles, un taller para cambios de aceite extrarrápidos, un almacén de silenciadores, un almacén de descuentos de azulejos y alfombras y un almacén de gaseosas. El hecho de que tantas de estas empresas quebraran cuando cayó la demanda de gasolina, constituye un magnífico testimonio de que — ante todo — había demasiadas empresas en la industria.

El último tipo de estructura de mercado que identifican los economistas es lo que se conoce como oligopolio. Oligopolio, traducido literalmente, significa pocos vendedores. En términos prácticos, el oligopolio es un caso en el cual la industria está dominada por unas pocas empresas grandes. Una regla empírica para aplicar en este caso es la siguiente: Si las cuatro empresas más grandes de la industria representan más del cincuenta por ciento de las ventas totales de dicha industria, hay oligopolio.

En seguida se dirigió al tablero y escribió:

EN UN OLIGOPOLIO:

HAY UN NÚMERO PEQUEÑO

DE EMPRESAS GRANDES;

CADA EMPRESA PRODUCE UN PRODUCTO

PARCIALMENTE DIFERENCIADO; Y

HAY BARRERAS PARA ENTRAR EN LA INDUSTRIA.

A continuación agregó:

— En vista de que en un mercado oligopolístico solamente hay unas pocas empresas, una de sus características más importantes es la interdependencia de las empresas en la industria. O sea que el comportamiento de cada empresa ejerce un impacto innegable en las otras empresas de la industria. ¿Cuáles serían unos buenos ejemplos?

— Bueno, la producción de automóviles sería un buen caso.

No era de sorprender que lo dijera el joven de la camisa amarilla. El profesor dijo:

— Sí, eso es cierto. Pero ya lo habíamos mencionado, ¿no es cierto? ¿Cuáles serían otros ejemplos?

— ¿Qué tal la industria cervecera? — dijo el de la barba.

— Sí — respondió el profesor —. De hecho, éste es un caso que se está convirtiendo en ejemplo para los libros de texto. El otro día estuve buscando unas cifras en uno de esos libros. Resultó que las cuatro empresas cerveceras más grandes, Anheuser-Busch, Miller, Strohs y Pabst, representan actualmente un poco más del cincuenta por ciento de las ventas totales de cerveza. Si se examinan algunas de sus extravagancias a través de los años recientes, se llega a apreciar con bastante claridad cómo funciona un oligopolio.

Cierren los ojos por un momento y traten de recordar las canciones de cada comercial de cerveza clara. ¿Pueden hacerlo?

— Bueno — dijo con indignación el joven de la camisa amarilla. Yo no dispongo de mucho tiempo para ver televisión.

— ¿No tiene radio? — le preguntó el profesor. Era difícil saber si lo decía en serio, pero creo que no.

— En todo caso — agregó —, hay algunas lecciones que nos deja el caso de la cerveza clara. La primera es que las empresas de un mercado oligopolístico harían mal en ignorar el comportamiento de sus rivales. Una vez que un fabricante de cerveza lanzó al mercado cerveza clara, los otros tuvieron que hacer lo mismo, o corrían el peligro de perder una parte substancial de su negocio. En realidad, el ascenso de la Miller Brewing Company al segundo puesto obedece en gran parte al hecho de que los otros fabricantes no lanzaron de inmediato al mercado sus cervezas claras. Se lanzaron de nuevo a la carrera, esta vez con las nuevas cervezas LA o de bajo contenido alcohólico.

Un segundo punto es que la introducción de todas estas cervezas claras se hizo con una tremenda cantidad de publicidad. Lo mismo fue ahora con las campañas publicitarias de las nuevas cervezas LA. Por eso todos, o casi todos — dirigió la mirada hacia el joven de la camisa amarilla — podemos tararear las canciones publicitarias.

Un tercer punto es que gran parte de la publicidad que está saliendo realmente se autoanula. El motivo por el cual una empresa lo hace es porque todos sus competidores lo hacen. La lucha es por la participación en el mercado, y sólo pueden llevar la delantera unos a expensas de otros. Así que el impacto neto de la publicidad bien podría ser simplemente mantener cada cual su tajada del mercado. Los escépticos han argumentado que realmente no importa cuánto gastan las empresas de industrias como ésta en publicidad porque todo lo que sus comerciales hacen es anularse mutuamente.

Un ejemplo interesante es la industria de cigarrillos, que también es un oligopolio. Hace algunos años, la Sociedad Americana del Cáncer reclamó, con éxito, el derecho de presentar propaganda de servicio público después de cada comercial de cigarrillos en la televisión.

— Pero no hay comerciales de cigarrillos en la televisión — dijo el joven de la camisa amarilla.

El profesor fingió sorprenderse, y respondió con mucha suavidad:

— Sí, lo sé. Pero sucede más adelante en la historia. Lo que sucedió es que la Sociedad del Cáncer y la Asociación del Corazón y los Pulmones se unieron y lanzaron en serie propaganda muy poderosa contra el hábito de fumar. Uno de mis favoritos mostraba a un hombre que iba a poner dinero en una máquina expendedora de cigarrillos, la cual comenzaba inmediatamente a sonar como una de esas máquinas tragamonedas. Había zumbidos y campanas repicando y cosas por el estilo. Por último aparecían las palabras "Usted Pierde".

Ahora, esa propaganda la transmitían *inmediatamente* después de los comerciales de cigarrillos, y causó estragos en las ventas.

La solución obvia, al menos desde el punto de vista de la industria global, era suspender la publicidad de su producto en televisión. Sin embargo, ninguna empresa individual podía hacerlo por temor a que sus rivales no suspendieran sus comerciales. Era un verdadero dilema.

Hizo una pequeña pausa, aparentemente para permitir que aumentara la tensión dramática. Finalmente, la pelirroja preguntó:

— ¿Y qué pasó?

— Los fabricantes de cigarrillos enviaron a sus asociaciones gremiales al Congreso con el fin de liderar la lucha contra la publicidad de cigarrillos en televisión.

— ¡De modo que *por esa razón* no hay comerciales de

cigarrillos en televisión! — dijo sabiamente el joven de la camisa amarilla.

— Correcto.

Ahora, hay varias características importantes de comportamiento oligopolístico que debemos discutir.

Fue al tablero y escribió:

LAS CARACTERÍSTICAS IMPORTANTES
DE UN OLIGOPOLIO SON:
INTERDEPENDENCIA,
EL DESEO DE EVITAR LA COMPETENCIA DE PRECIOS,
Y POLÍTICA DE PRECIOS DE LIDERAZGO.

Luego explicó:

— La interdependencia de las empresas en un mercado oligopolístico se extiende mucho más allá de su comportamiento en cuanto a publicidad y a los tipos de líneas de productos que ofrecen. Otro lugar obvio desde donde la podemos observar es en función de su comportamiento de precios. Lo que ustedes encuentran cuando examinan este aspecto es que las empresas de mercados oligopolísticos definitivamente aborrecen la competencia de precios. Hacen cualquier cosa por evitarla. De hecho, la publicidad combativa y la clase de proliferación de productos a que me referí anteriormente en el caso de la industria cervecera son claros ejemplos de lo que son capaces de hacer por no meterse en una guerra de precios.

Su renuencia a embarcarse en la competencia de precios es una consecuencia de su interdependencia. En realidad, esta interdependencia las vuelve muy cautelosas en la toma de decisiones sobre aumentos o reducciones de precios. Si una empresa sube sus precios y las rivales no lo hacen, se expone a perder una parte substancial de su participación en el mercado. Por otra parte, cuando una empresa decide rebajar sus precios, se puede apostar a que sus rivales harán otro tanto. Y la reducción de precios puede fácilmente conducir a una guerra de precios a muerte. Cuando esto sucede, todas las empresas terminan perdiendo.

Tomemos la triste historia de aerolíneas Braniff. De 1938 a 1978, las tarifas de las aerolíneas estaban reguladas por la Junta de Aeronáutica Civil [Civil Aeronautics Board], o CAB. De modo que la única competencia de precios posible tenía que estar aprobada por esta Junta. Cuando se suspendió la regulación de las líneas aéreas y la CAB dejó de protegerlas de la mutua competencia, estalló la guerra de precios. La Braniff la inició.

Finalmente, las tarifas aéreas fueron rebajadas tan drásticamente que varias aerolíneas estuvieron al borde de la quiebra, y la Braniff encabezaba la lista. La empresa acababa de ser reorganizada y de reanudar actividades. Una de sus primeras acciones fue anunciar una gran rebaja de tarifas. El observador casual podría comenzar a sospechar que son lentos para aprender.

Esta observación del profesor provocó algunas risas aisladas en la clase. En seguida añadió:

— En todo caso, los oligopolios maduros no entran fácilmente en una guerra de precios. La industria automotriz es un caso interesante al respecto. Cuando las ventas requieren un impulso, lo más probable es que se ofrezca un "descuento del fabricante" o una "financiación inferior a la del mercado". Cualquiera de estas medidas constituye, de hecho, una rebaja de precios. Sin embargo, ambas tienen la virtud de disfrazar la realidad del asunto. Tal vez ustedes hayan notado que los precios básicos de los Chevrolets, los Fords y los Plymouths son casi iguales. No es por accidente.

Otro ejemplo nos llega de las "guerras de las hamburguesas" que actualmente sostienen McDonald's, Burger King y Wendy's. La guerra es básicamente la clase de batalla publicitaria a la que hemos llegado a acostumbrarnos. Sin embargo, en una ocasión, Burger King bajó el precio de su hamburguesa sencilla a treinta y nueve centavos, y McDonald's no tardó en seguir su ejemplo. Esto llevó a los analistas a sospechar que una guerra de precios se desataría muy pronto, y los precios de las acciones de ambas empresas perdieron varios puntos.

La moraleja de esta historia es que todo el que entiende mucho de esta materia *sabe* que la competencia de precios directa no trae nada bueno.

La consecuencia es que los precios de las empresas oligopolísticas tienden a ser estables. Es decir, el temor a las consecuencias de un aumento o una baja de precios hace que las empresas que forman parte de estas industrias traten en lo posible de mantener sus precios como están.

Sin embargo, periódicamente sí surge la necesidad de aumentar precios. En ese caso, el oligopolio maduro practica lo que se conoce como política de precios de liderazgo. Sucede que una empresa que con el tiempo ha llegado a convertirse en el líder reconocido de precios, suele anunciar un aumento de precios. Poco después, todas las demás empresas de la industria anunciarán aumentos de precios. El mejor lugar para presenciar este fenómeno, o al menos el lugar en donde se puede observar con mayor frecuencia, es en los anuncios de los bancos respecto a cambios en su tasa de interés preferencial. Un banco anuncia por la mañana su aumento, y otros cuantos siguen su ejemplo por la tarde. Al día siguiente, el aumento se ha extendido a lo largo y ancho del país. Otro lugar en donde puede observarlo es en el anuncio anual de aumentos de precios de las compañías automotrices. La GM saca sus listas de precios el lunes, y todas las demás siguen el ejemplo el martes y el miércoles. O, en ocasiones es la Ford la que toma la iniciativa y todas las demás la imitan.

Luego hizo una breve pausa, miró su reloj e inspeccionó la clase. Finalizó diciendo:

— Bueno, es suficiente por hoy. Hemos hecho un examen panorámico bastante bueno de lo que un gerente necesita saber acerca de la microeconomía. Para la clase del miércoles lean los tres primeros capítulos del libro de Baumol, *Teoría económica y análisis operacional.* Que tengan buen día.

Me dirigí al frente del salón y esperé a que recogiera sus notas. El joven de la camisa amarilla preguntó si sería posible utilizar una versión anterior del texto, y otros estudiantes preguntaron si se iban a pedir proyectos de investigación y cómo hacer para dejar otros cursos y tomar el suyo.

Finalmente, el profesor terminó de responder las preguntas, se volvió hacia mí y me dijo:

— Bien, Bob, ¿entendiste todo esto?

— Sí, señor, eso creo — contesté —. Lo que me tiene un poco confundido es todo ese embrollo de los distintos tipos de estructura de mercado.

Pareció pensar en mi pregunta por un momento. Luego me dijo:

— Lo que sucede es que los gerentes necesitan saber acerca de la estructura de la industria en que están operando si quieren tomar decisiones inteligentes. El tipo de estrategia de mercado que una firma ha de seguir dependerá en buena medida del tipo de estructura de mercado en que esté operando.

Las empresas que están en mercados que se aproximan a las condiciones competitivas no tienen control alguno sobre los precios, pero pueden controlar la elección del momento oportuno para hacer sus ventas. Los agricultores y quienes trabajan en el mercado de acciones son un buen ejemplo. Para ambos, mucho depende de que sean buenas las decisiones que tomen respecto a cuándo comprar y cuándo vender. En estos casos es cuando realmente rige la regla cardinal de la especulación.

— ¿La regla cardinal de la especulación? — pregunté —. ¿Qué es eso?

— Compre barato y venda caro — me dijo. Si le sorprendió que yo no lo supiera, lo supo ocultar muy bien —. Luego agregó:

— Ahora, en mercados monopolísticamente competitivos la clave es tomar buenas decisiones de precios. Lo cual equivale a decir que uno debe tener alguna idea de cómo es la demanda de su producto. Muchas de las empresas que operan en este tipo de mercado no cuentan con los recursos suficientes para contratar economistas o investigadores de mercado a fin de obtener esa clase de información, y, como resultado, muchas acaban quebrando.

En realidad, solamente las empresas más grandes, la mayor parte de las cuales operan en mercados oligopolísticos, son las que disponen de dinero para emplear economistas y gente de mercadeo. Son éstos los que están en mejor situación de recopilar e interpretar la información necesaria para calcular las utilidades maximizando los precios y la producción y el punto en que el ingreso marginal sea igual al costo marginal. Y lo triste es que inclusive ellos se equivocan muchas veces.

Lo que la mayor parte de los negocios pequeños termina haciendo, ya sea en forma consciente o inconsciente, es calcular su punto de equilibrio — es decir, el nivel de producción en que el ingreso total supere al costo total. Luego hacen el intento de producir y vender dentro de ese espacio. Si lo logran, les resultará rentable.

Como dije en la clase, las empresas que están en estos mercados oligopolísticos rara vez compiten con base en el precio. Aquí, la competencia se concentra en la publicidad, en la diferenciación de los productos, y en los servicios. En efecto, éste es uno de los puntos más importantes que destacan quienes escribieron *En busca de la excelencia*. Algunas empresas grandes habían perdido de vista la importancia del servicio, hasta que los japoneses se lo recordaron. Esa es una de las razones por las cuales ese libro ha sido tan popular.

¿Esto te aclara algo las cosas?

— Sí, señor, efectivamente. Se lo agradezco —. Realmente estaba comenzando a sentir que me estaba formando una idea bastante clara de todo esto.

— Muy bien. Sólo nos queda un pequeño asunto por concluir. Volvamos a mi oficina y discutiremos lo que todo gerente necesita saber acerca de la economía internacional.

3

Lo que todo gerente necesita saber acerca de la economía internacional

—Ahora, hay otra área sobre la cual tenemos que reflexionar. Desde varios puntos de vista, una persona joven como tú, el campo que más necesita conocer quizá sea la economía internacional — me dijo. Volvió a encender su imprescindible pipa, se recostó en la silla y continuó:

— Hubo un tiempo — no hace mucho — en que todo era relativamente sencillo. Una de las pocas cosas en que casi todos los economistas están de acuerdo es en que el libre comercio entre países beneficia a todo el mundo. Hasta los miembros más miopes del Congreso pueden entender que resulta mucho mejor cultivar banano en Centroamérica que ponernos a cultivarlo aquí en invernaderos. Por eso sembramos trigo y lo cambiamos por banano con la América Central, y el resultado obvio es que todos tenemos más banano y más trigo. Esto es lo que se llama, como probablemente lo sabes, la *teoría de la ventaja comparativa*, la cual simplemente establece que si cada cual hace lo que puede hacer con mayor eficiencia, entonces todos ganan. Quizás, para tener la seguridad de que entendiste, es mejor que lo anotes.

LA TEORÍA DE LA VENTAJA COMPARATIVA

DEMUESTRA QUE TODOS GANAN

CUANDO LOS PAÍSES SE ESPECIALIZAN

EN LO QUE PUEDEN PRODUCIR

CON MAYOR EFICIENCIA

E INTERCAMBIAN ESTOS PRODUCTOS

POR LOS QUE NO PUEDEN PRODUCIR

CON EFICIENCIA.

Después me dijo:

— Ahora, si eso fuera todo, te podrías ir para tu casa, y yo podría ver "Hospital General". El problema es que la historia no ha sido muy benévola con esta verdad relativamente obvia. Por eso entender la historia es crucial para entender la realidad de hoy. Este, y supongo que estás comenzando a darte cuenta de ello, es a menudo el caso. El problema está en que las exportaciones generan empleo al igual que el consumo, la inversión y los gastos del gobierno, según vimos esta mañana. Así que, como todos quieren empleos, el juego se convierte en que cada cual trata de exportar más que el otro. Si tiene éxito, exporta más bienes de los que importa. Esto significa que tiene menos bienes para el consumo interno, pero más empleos. Lo cual siempre consideré un intercambio curioso; pero ésta ha sido la política de todas las naciones desde hace bastante tiempo.

— Perdón que lo interrumpa, señor — le dije. La cosa se estaba poniendo confusa —. Si exportamos más de lo que importamos, ¿cómo hacen los otros países para pagarnos?

— Es una buena pregunta. Si ellos van a comprar nuestros productos, entonces tienen que tener dólares para pagarnos, ¿no es cierto? Insisto: Tienes que entender la historia relacionada con esto. En "los buenos tiempos de antaño" todo esto se manejaba con oro. Cuando un país importaba más de lo que exportaba, tenía que atender la diferencia pagando con oro. O sea que los países empleaban el oro para cubrir sus déficits de la balanza de pagos. Pero a finales de la segunda guerra mundial, cuando los aliados se reunieron en Bretton Woods para reestructurar el sistema monetario internacional, todo el mundo vio claramente que era un sistema bastante engorroso. Como en los Estados Unidos teníamos en aquel entonces la mayor parte de la oferta mundial de oro, se decidió que nosotros cambiaríamos el dólar por oro cuando algún país lo solicitara. De ese modo, el dólar era "tan bueno como el oro" y todo el mundo simplemente podía utilizar dólares para atender sus deudas internacionales, y todo sería más sencillo por todos lados. De modo que anótalo:

EL ACUERDO DE BRETTON WOODS,

EN ESENCIA, DETERMINÓ

QUE EL DÓLAR DE LOS ESTADOS UNIDOS

FUERA LA MONEDA INTERNACIONAL.

DE AHÍ EN ADELANTE, CASI TODAS

LAS TRANSACCIONES INTERNACIONALES

SE HICIERON, Y AÚN SE HACEN, EN DÓLARES.

— En realidad — prosiguió — fue un simple caso de aplicación de la Regla de Oro: "El que tiene el oro impone las reglas", porque lo que realmente hizo fue eximir a los Estados

Unidos de la disciplina tradicional de la finanza internacional. Lo cual significó que, mientras el resto del mundo
aceptara dólares como medio de pago, nosotros podíamos
mantener déficits de balanza de pagos cada vez que lo
quisiéramos. Es semejante a la cuenta corriente del presidente: La gente nunca hace efectivos los cheques porque
quiere conservar el autógrafo; de modo que el presidente
puede gastar todo lo que quiera sin tener que preocuparse
de cuadrar su chequera.

— Así que gastábamos cuanto queríamos sin tener que
cuadrar nuestro presupuesto internacionalmente... — comencé a decir, pero me interrumpió.

— Así es. Y esto funcionó bastante bien durante algún
tiempo. Nos permitió dar mucho dinero para ayuda externa,
dinero que volvió cuando se empleó en comprar productos
aquí. Es decir, nos generó empleo, que es lo que la ayuda
externa siempre hace. Y esto nos permitió mantener tropas
alrededor del mundo, pelear en unas cuantas guerras, y
cosas por el estilo. Pero, a finales de los años 60, se estaba
comenzando a ver que no podíamos cumplir nuestro compromiso de entregar oro a cambio de los dólares que otros países
tenían. Nuestra oferta de oro había caído a cerca de diez mil
millones, y los dólares en circulación ascendían a cerca de
cincuenta mil millones. El presidente Nixon, entre otros,
estaba comenzando a preocuparse un poco por esto, así que
en agosto de 1971 simplemente cerró la "ventanilla del oro",
como dicen — rescindió nuestro compromiso de entregar
oro a cambio de dólares. Esto dejó al resto del mundo con
cincuenta mil millones de dólares que ahora no valían nada,
a menos que se usaran para comprar productos norteamericanos. Esto es crucial para entender el resto de la historia,
así que tal vez harías bien en anotarlo.

EN AGOSTO DE 1971, LOS ESTADOS UNIDOS
RESCINDIERON SU COMPROMISO
DE CAMBIAR DÓLARES POR ORO.
ESTO PRODUJO EL EFECTO NETO
DE DESMONETIZAR EL ORO
Y CONVERTIRLO EN UN BIEN
COMO CUALQUIER OTRO CON QUE
SE COMERCIA EN EL MERCADO
Y CUYO PRECIO ES DETERMINADO
POR LA OFERTA Y LA DEMANDA.

Habiendo escrito lo anterior, continuó:

— Así que en la actualidad, el oro nada tiene que ver con el sistema monetario, excepto en el sentido de que su precio de mercado sirve de buen "barómetro de la inflación". Si examinas la información estadística podrás observar que el precio del oro tiende a subir cuando las tasas de inflación son más altas y viceversa.

Pero hay más: En vista de que la economía de los Estados Unidos es la más fuerte del mundo, la mayor parte de la gente aceptó este cambio como necesario para mantener activo el comercio internacional. En efecto, en la actualidad hay algo así como un billón de dólares en el exterior; se llaman *eurodólares*, como tú tal vez lo sepas. Pero lo importante de todo esto es que, desde entonces, las economías de casi todos los demás países del mundo quedaron ligadas a la economía de los Estados Unidos. Como prácticamente todas las transacciones — intercambios de bienes y servicios — se hacen en dólares, ahora todo el mundo está comprometido con lo que pasa en la economía de los Estados Unidos. Por eso todos los países se ponen nerviosos cuando nuestra tasa de inflación aumenta, pues baja el valor de los dólares que ellos mantienen, exactamente como nos sucede a ti y a mí.

Un aspecto relacionado con este asunto, pero todavía más importante, tiene que ver con lo que les sucede a las tasas de interés. Como quizá recuerdes, esta mañana dije que las tasas de interés son decisivas en todo lo que tenga que ver con la economía. Internacionalmente es todavía más cierto. Supón, por ejemplo, que eres un inversionista de Londres y que puedes obtener un rendimiento del diez por ciento si compras bonos allá, pero que podrías obtener el doce por ciento si invirtieras en Nueva York. ¿Qué harías?

— Haría la inversión en Nueva York — contesté, sintiéndome mejor.

— ¿Y cómo la harías exactamente?

— Bueno, creo que le daría mi dinero a un corredor de bolsa, con instrucciones de invertir en Nueva York.

— Y él, ¿qué tendría que hacer, exactamente?

— Bueno, pues... no estoy seguro — dije, sabiendo que estaba perdiendo nuevamente la confianza en mí mismo.

— Obviamente, él tiene que tomar tu dinero — que estaría en libras esterlinas británicas — y cambiarlo por dólares. Luego podría comprar los bonos en Nueva York. Y tú tendrías un instrumento de deuda que te pagaría el doce por ciento de interés en dólares. Si esto estuviera sucediendo en todo el mundo, ¿cuál sería el resultado?

— ¿Habría un aumento en la demanda de dólares?— me aventuré a decir.

— Muy bien. En efecto, lo habría. Así que el resultado neto de las altas tasas de interés en los Estados Unidos implica un dólar fuerte en el exterior. Lo cual significa que nuestras exportaciones son más costosas, pero nuestras importaciones más baratas. Así que, de nuevo, podemos importar más de lo que exportamos, y la diferencia se cubre con una entrada de dólares procedentes de otros países, atraídos por las tasas de interés más altas. Desde luego, perdemos empleos, puesto que exportamos menos, pero ganamos en importaciones baratas, lo cual contribuye a mantener baja nuestra inflación. Si tú fueras el gerente de una corporación multinacional, ¿cómo manejarías todo esto?

— Creo que trataría de desplazar todas las compras posibles hacia otros países. Quiero decir que compraría productos importados, puesto que serían más baratos.

— Exactamente. Entonces, ¿cuál es el resultado neto de las altas tasas de interés en los Estados Unidos?

Yo estaba comenzando a entender el asunto, y respondí:

— Las altas tasas de interés atraen fondos del exterior, pero esto fortalece el dólar. A la vez, perdemos empleos, a medida que aumentan las importaciones.

— Correcto. Así que las altas tasas de interés desestimulan la inversión aquí y, en forma indirecta, las estimulan en el exterior. De modo que perdemos por ambos lados. Quizás sea mejor que anotes esto.

LAS ALTAS TASAS DE INTERÉS:

DESESTIMULAN LA INVERSIÓN INTERNA

Y HACEN AUMENTAR EL VALOR DEL DÓLAR.

ESTO INCREMENTA LAS IMPORTACIONES

Y DISMINUYE LAS EXPORTACIONES,

LO CUAL NOS CUESTA EMPLEOS.

TODO ESTO NOS PRODUCE

DÉFICITS EN LA BALANZA DE PAGOS, LOS CUALES

SE FINANCIAN CON INVERSIONES DEL EXTERIOR.

"Todo lo que tengo que hacer, pensé cuando estaba escribiendo, es mantenerme al tanto de todo esto". Entonces me dijo:

— Todo lo que tienes que hacer, si diriges una corporación multinacional, es mantenerte al tanto de todo esto; y otra cosa. Recientemente, digamos en los últimos diez años, más o menos, se han presentado cambios espectaculares en el mundo de las finanzas internacionales, y son cambios complicados. En efecto, tan complicados, que hay quienes dicen que sólo existen unas veinte personas en todo el mundo que realmente entienden lo que está sucediendo. Sin embargo — volvió a sonreír —, puesto que yo soy una de esas veinte personas, estaremos bien. Lo que sucedió — como lo mencioné en el almuerzo — fue que los países de la OPEP decidieron aumentar el precio del petróleo en cerca de mil setecientos por ciento. El resultado fue la mayor transferencia de riqueza en toda la historia. Cientos de miles de millones de dólares fueron transferidos del mundo occidental a los países árabes esencialmente empobrecidos. Es decir, ellos nos enviaron el petróleo y nosotros les enviamos los dólares para pagarlo. Ahora, mirándolo desde la parte práctica, ¿qué crees que ellos hicieron con esos dólares que sumaban mucho más que lo que podían gastar?

— Bueno, supongo que abrieron una cuenta de ahorros o algo por el estilo.

¿Cómo podía yo saberlo? (¿Por qué debía saberlo?)

— Correcto, Robert. Pero ¿dónde? ¿Dónde abrirías tú una cuenta de ahorros si mañana te ganaras la lotería?

— Supongo que en el banco que yo creyera que era el menos arriesgado y donde me pagaran el interés más alto.

— Y, suponiendo que estás sentado, digamos, en Arabia Saudita, escudriñando el mundo, ¿dónde pondrías tu dinero? Obviamente, en el banco más fuerte del país más fuerte del mundo. Y éste sería, por supuesto, algún banco grande, exactamente aquí en los Estados Unidos. De modo que los países árabes redepositaron esos dólares aquí en Nueva York. Centenares de miles de millones, recuerda.

Ahora, la siguiente pregunta: Si tú eres un banquero, ¿en qué forma ganas tu dinero?

Yo sabía la respuesta a esa pregunta. Era lo único que recordaba de mi curso de dinero y banca. Le contesté:

— Los bancos reciben depósitos de un cliente, pagan la tasa de interés más baja que sea posible y luego se lo prestan a otro cliente a la tasa más alta que puedan. La diferencia es su utilidad.

— Bien. Ahora, supón que eres un banquero que está sentado encima de varios centenares de miles de millones de dólares depositados por los países de la OPEP. ¿Qué vas a hacer con todo ese dinero? Obviamente, tratarás de prestarlo en alguna parte. En realidad, no sólo *tratarás* de hacerlo, sino que *tienes que hacerlo*. De lo contrario quebrarás.

Así que — continuó — lo que los bancos hicieron fue buscar la tasa de rendimiento más alta y prestar los recursos de los depósitos petroleros árabes con gran decisión. Y, en vista de que a mediados del decenio de los 70 la economía norteamericana se encontraba en recesión, aquí no había mucha demanda de préstamos. Pero los bancos no tardaron en descubrir que los países del Tercer Mundo, siempre escasos de capital, se pusieron, claro, felices de tomar ese dinero en préstamo. Y fue a esos países a donde fue a parar gran parte del dinero, principalmente a la Argentina, el Brasil y México. Es un ciclo interesante si uno se pone a reflexionar al respecto.

Se detuvo un momento y trazó un gráfico en el reverso de otro sobre, y me lo entregó. Estaba comenzando a preguntarme si él alguna vez usaba papel corriente.

— A esto lo llamamos el reciclaje de los petrodólares. ¿Tiene esto algún sentido, en su opinión? — me preguntó, recostándose nuevamente en su silla y volviendo a encender su pipa como si estuviera esperando una larga respuesta.

— Sí, señor, lo tiene. También parece ser la forma lógica de transferir el dinero a donde se necesita.

— Bueno, sí tiene sentido, a excepción de dos problemas menores, uno de los cuales, me parece, se podría haber previsto. El otro quizás no. El primero es que muchos de los países del Tercer Mundo que estaban recibiendo los préstamos y usando los recursos para su propio desarrollo, también se estaban beneficiando del alto precio del petróleo. México y Nigeria son dos de los ejemplos más patentes. Todos supusieron que tenían una buena capacidad crediticia, puesto que podían utilizar sus propios ingresos petroleros para reembolsar los préstamos. Pero de lo que nadie se dio cuenta hasta que era demasiado tarde, es de que los países de la OPEP se habían equivocado al calcular la elasticidad-precio de la demanda del petróleo — concepto que discutimos en la clase de esta tarde, como sin duda debes recordar. Supusieron que la demanda de petróleo era inelástica, es decir, que nosotros lo compraríamos a cualquier precio, pasando por alto el hecho de que, cuando los precios suben de manera desmesurada, la gente encuentra la forma de reducir su consumo, compartiendo los automóviles, tomando el bus, bajando los termostatos, aislando sus casas, colocando cintas en puertas y ventanas para conservar la temperatura, y cuanta cosa sea necesaria para reducir sus gastos de energía. Todo esto realmente sucedió, y el resultado fue que el mercado petrolero se fue a pique y los precios del petróleo cayeron. La caída de los precios del petróleo echó a perder gran parte de los ingresos anticipados, no sólo para los países de la OPEP, sino, lo que fue peor, para los ahora muy endeudados países productores de petróleo del Tercer Mundo.

— Así que, en cierto modo, el reciclaje de los petrodólares fue un bumerang — dije —. Esto se estaba poniendo interesante.

— Bueno, como veremos en un instante, eso sería ponerlo en términos algo benévolos. La otra cosa que todo el mundo

RECICLANDO PETRODÓLARES

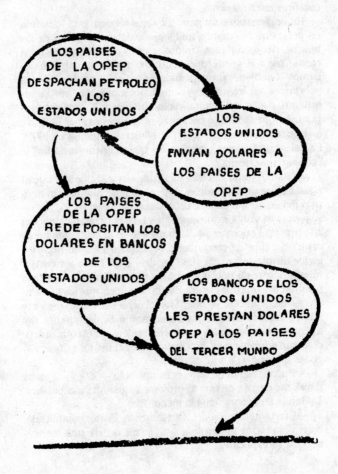

pasó por alto fue el efecto del interés compuesto. Cualquiera pensaría que los banqueros debieran saber lo que hacen. Pero aparentemente no fue así. Permíteme ilustrarte el punto con un ejemplo sencillo:

Supongamos que un país, digamos México, está tomando en préstamo quinientos millones de dólares por año de los bancos de los Estados Unidos y que, para simplificar las cosas, paga el veinte por ciento de interés anual. Supongamos también, simplificando, que está recibiendo los préstamos en las mejores condiciones posibles: no se requieren pagos del capital, sólo intereses. Y supongamos también que todo esto comenzó, más o menos, por la época en que se inició el reciclaje de petrodólares, digamos en 1973. En tales condiciones, ¿cómo crees que se encontraría hoy la economía mexicana?

— Bueno, no lo sé con exactitud, señor. Supongo que si ellos hubieran invertido el dinero en algo que les rindiera más del veinte por ciento, deberían estar mejor.

— Eso es muy cierto, supongo. ¿Le has prestado atención a lo que está sucediendo últimamente en la economía mexicana? Su tasa de crecimiento económico ha sido negativa en los últimos años. En 1983 fue de *menos* cinco por ciento, mientras que su población ha estado creciendo a una tasa *positiva* del tres por ciento. Eso quiere decir que los mexicanos — en promedio — quedaron el ocho por ciento peor ese año. Y encima de eso, les deben hoy más de noventa mil millones de dólares a los bancos extranjeros, cifra que prácticamente equivale a su producto nacional bruto. ¿Cómo supones que llegaron a tal estado?

— Bueno, eso tiene que ser complicado — dije —. Estaba dándome cuenta de que al profesor le gustaba esa palabra. En todo caso, yo no tenía la menor idea.

— Ciertamente, Robert. Ciertamente. Es tan complicado, en realidad, que ni siquiera a mí se me ocurre una manera sencilla de explicarlo.

Volvió a sonreír. Como yo no sabía qué más hacer, también sonreí. Comenzó entonces a escribir algo en el terminal de computador que estaba en su escritorio. Para gran sorpresa mía, comenzaron a aparecer unas cifras en la pantalla del aparato que estaba en la esquina, que yo había tomado por un televisor.

— Mira esto. Si los mexicanos están pagando el veinte por ciento de interés, esto quiere decir que en el sexto año pagan en *intereses* exactamente lo mismo que están recibiendo en nuevos préstamos. Y si vamos un poco más lejos, podemos ver que en el undécimo año estarán pagando en intereses totales más de lo que han recibido en préstamos totales. Pasado ese punto, todo va cuesta abajo, o quizás debiera decir cuesta arriba. El resultado de este proceso es que, luego de unos cuantos años, hay un flujo neto de capital fuera del país, el cual tiende a empeorar cada vez más. Desde luego, se trata de una simplificación exagerada, pero, en realidad, casi cualquier clase de inversión extranjera ejerce el mismo efecto. Si no me crees, échales una mirada a los datos de la balanza de pagos de México, en cualquier momento. O a los de cualquier país deudor del Tercer Mundo, a ese respecto.

— ¿Pero cómo pueden sostener algo así?

— Pueden recibir más préstamos, lo cual, naturalmente, empeora la situación, o pueden aumentar sus exportaciones o reducir sus importaciones, nada de lo cual es una solución muy factible. En el caso de México, éste ha reducido sus importaciones, lo cual, dado que su economía es muy dependiente de la tecnología de los Estados Unidos, simplemente empeoró la situación. Tal como están las cosas actualmente, no tienen otra opción que seguir recibiendo más préstamos y continuar refinanciando la deuda. Y lo interesante es que los bancos no tienen otra opción que seguir prestándoles el dinero para poder hacerlo. Hay un viejo dicho: "Si le debes mil dólares a un banco y no los puedes pagar, estás en dificultades. Si le debes un millón de dólares a un banco y

Préstamo Anual de 500 Millones
Suponiendo Ningún Reembolso de Capital
(en millones de dólares)

AÑO	NUEVO PRÉSTAMO	INTERÉS ANUAL	PRÉSTAMO TOTAL	INTERÉS TOTAL PAGADO
1	500	—	500	—
2	500	100	1000	100
3	500	200	1500	300
4	500	300	2000	600
5	500	400	2500	1000
6	500*	500*	3000	1500
7	500	600	3500	2100
8	500	700	4000	2800
9	500	800	4500	3600
10	500	900	5000	4500
11	500	1000	5500**	5500**
12	500	1100	6000	6600

* Al cabo de 5 años, interés anual = nuevos préstamos.

** En el undécimo año, el total de los intereses vencidos empieza a superar al total de los préstamos.

no los puedes pagar, el banco está en dificultades". Y los bancos se hallan, realmente, en serias dificultades debido a todo esto.

— Pero ¿no se empeoran las cosas si todo esto sigue una tendencia compuesta?

— Robert, estás comenzando a entender el asunto — dijo y sonrió —. El sistema monetario internacional está enfrentando una de sus peores crisis, y si tú llegas a ser el gerente de una empresa que haga negocios internacionalmente, más vale que te mantengas al tanto de todo esto. Y no puedes hacerlo, a menos que lo entiendas, y supongo que ahora sí lo entiendes.

En la actualidad hay cerca de ochocientos mil millones de dólares por concepto de préstamos pendientes a los países del Tercer Mundo, y prácticamente ninguno de ellos está abonando al capital. Muchos inclusive ni siquiera pueden pagar el interés. Ese, mi amigo, es el problema. Es tan serio que ciertamente estoy feliz de haberme convertido en profesor en vez de banquero, lo cual fue una de mis posibilidades hace algunos años. ¿Has considerado alguna vez la posibilidad de dedicarte a la enseñanza, Robert?

— Bueno, no, señor; pero la idea me comienza a parecer cada vez más atractiva.

— Creo que hemos agotado el tema. ¿Tienes más preguntas?

— Creo que no, señor. Debo confesar que éste ha sido un día muy interesante...

— ¿Tienes tus notas?

— Sí, señor — le respondí mientras sacaba mi bloc.

— ¿Qué tal si me las vuelves a leer?

No sé cómo, pero sabía que esto iba a pasar. Volví a la primera página y comencé a leer:

•

HAY TRES ÁREAS DE LA ECONOMÍA
QUE TODO GERENTE DEBE ENTENDER:
MACRO, MICRO E INTERNACIONAL.

— Y — dije — a continuación empezamos a hablar sobre macroeconomía.

●

PUESTO QUE LOS SALARIOS NO TIENDEN

A SER FLEXIBLES HACIA ABAJO,

EL DESEMPLEO ES EL CASO GENERAL.

●

LOS ROBOTS PUEDEN HACER

UN AUTOMÓVIL, PERO

NUNCA

COMPRARÁN UNO.

●

EL GOBIERNO CONTROLA LA ECONOMÍA
INFLUYENDO EN EL NIVEL GENERAL
DE LOS GASTOS DE CONSUMO,
DE LOS GASTOS DE INVERSIÓN
Y DE LOS GASTOS DEL GOBIERNO.

•

EL COMPORTAMIENTO DE LA INVERSIÓN
DEPENDE DE LAS TASAS DE INTERÉS.
DE HECHO, CASI TODO
DEPENDE DE LAS TASAS DE INTERÉS.
LAS ALTAS TASAS DE INTERÉS
DESESTIMULAN LA INVERSIÓN;
LAS BAJAS TASAS DE INTERÉS
ESTIMULAN LA INVERSIÓN.

•

EL BANCO DE LA RESERVA FEDERAL
PUEDE INFLUIR EN LA INVERSIÓN
CAMBIANDO LAS TASAS DE INTERÉS.

●

PARA AUMENTAR EL NIVEL
DE ACTIVIDAD ECONÓMICA,
AUMENTE LOS GASTOS DEL GOBIERNO
O REDUZCA LOS IMPUESTOS.
PARA REDUCIR EL NIVEL
DE ACTIVIDAD ECONÓMICA,
DISMINUYA LOS GASTOS DEL GOBIERNO
O AUMENTE LOS IMPUESTOS.

●

UNA VEZ QUE LA ECONOMÍA ESTÉ EN
PLENO EMPLEO
DEBEMOS MANTENER
LOS AHORROS Y LOS IMPUESTOS IGUALES A
LOS GASTOS DEL GOBIERNO Y A LA INVERSIÓN.
CUALQUIER VARIACIÓN DE ESTA SITUACIÓN
GENERARÁ INFLACIÓN O DESEMPLEO.

●

EN ESENCIA, LA ECONOMÍA ESTÁ

CONTROLADA POR

EL GOBIERNO FEDERAL

MEDIANTE LA POLÍTICA FISCAL

— IMPUESTOS Y GASTOS —

Y POR EL BANCO DE LA RESERVA FEDERAL

MEDIANTE LA POLÍTICA MONETARIA

— LA OFERTA MONETARIA

Y LAS TASAS DE INTERÉS.

LA MANERA DE EMPLEAR ESTOS INSTRUMENTOS

DEPENDE DE LOS OBJETIVOS DE

LA ADMINISTRACIÓN QUE ESTÉ EN EL PODER.

●

LA MACROECONOMÍA LE EXPLICA A USTED CÓMO CONTROLAR EL TRUEQUE ENTRE DESEMPLEO E INFLACIÓN.

Y luego, haciendo una pequeña pausa para recobrar el aliento, dije:

— En su clase tomé estas notas.

●

LAS UTILIDADES

SON IGUALES

A LOS INGRESOS TOTALES

MENOS LOS COSTOS TOTALES.

●

SI LOS COSTOS NO CAMBIAN

CUANDO LA PRODUCCIÓN CAMBIA, ENTONCES

PARA MAXIMIZAR LAS UTILIDADES

SIMPLEMENTE MAXIMICE EL INGRESO TOTAL.

●

DEMANDA ELÁSTICA FRENTE AL PRECIO:
LA VARIACIÓN PORCENTUAL DE LA CANTIDAD
DEMANDADA ES MAYOR QUE
LA VARIACIÓN PORCENTUAL DEL PRECIO.

●

DEMANDA INELÁSTICA FRENTE AL PRECIO:
LA VARIACIÓN PORCENTUAL DE LA CANTIDAD
DEMANDADA ES INFERIOR A LA
VARIACIÓN PORCENTUAL DEL PRECIO.

•

SI PESA MUCHO EN EL PRESUPUESTO

O SI TIENE MUCHOS SUBSTITUTOS,

SU DEMANDA PROBABLEMENTE SERÁ ELÁSTICA;

DISMINUYA EL PRECIO PARA AUMENTAR LOS INGRESOS.

•

SI NO CUESTA MUCHO

O TIENE POCOS SUBSTITUTOS,

SU DEMANDA PROBABLEMENTE SERÁ INELÁSTICA:

AUMENTE EL PRECIO PARA AUMENTAR LOS INGRESOS.

●

CUANDO LOS COSTOS VARÍAN CON LA PRODUCCIÓN,
MAXIMIZAR LAS UTILIDADES SIGNIFICA
ENCONTRAR EL NIVEL DE PRODUCCIÓN EN QUE
LA DIFERENCIA ENTRE INGRESO TOTAL
Y COSTO TOTAL SEA LA MÁS ALTA.

●

LOS COSTOS VARIABLES
SON LOS COSTOS QUE SE DEBEN CONSIDERAR
AL TOMAR DECISIONES
SOBRE QUÉ NIVEL DE PRODUCTO PRODUCIR.

●

EL COSTO PROMEDIO
ES EL COSTO TOTAL
DIVIDIDO POR EL PRODUCTO TOTAL.

●

EL COSTO MARGINAL
ES EL CAMBIO EN EL COSTO TOTAL
DEBIDO A UN
CAMBIO EN EL PRODUCTO.

•

PARA MAXIMIZAR LAS UTILIDADES,
PRODUZCA DONDE
EL INGRESO MARGINAL
ES IGUAL
AL COSTO MARGINAL.

•

TIENE SENTIDO ECONÓMICO
PROSEGUIR CUALQUIER ACTIVIDAD
HASTA EL PUNTO EN QUE
EL BENEFICIO MARGINAL DE ELLA
SEA IGUAL A
SU COSTO MARGINAL.

●

LOS COSTOS IMPLÍCITOS
O COSTOS DE OPORTUNIDAD SON LOS COSTOS
DE LA MEJOR ALTERNATIVA
DESAPROVECHADA.

●

EN UN MERCADO PERFECTAMENTE COMPETITIVO:
HAY UN GRAN NÚMERO DE
COMPRADORES Y VENDEDORES INDEPENDIENTES:
LOS PRODUCTOS DE LOS PRODUCTORES SON
IDÉNTICOS; Y
NO HAY BARRERAS PARA ENTRAR.

●

EN UN MERCADO MONOPOLÍSTICO HAY:
UN SOLO VENDEDOR:
UN PRODUCTO SIN SUBSTITUTOS CERCANOS:
Y
BARRERAS PARA ENTRAR EN LA INDUSTRIA.

●

EN LA COMPETENCIA MONOPOLÍSTICA:
HAY UN GRAN NÚMERO DE EMPRESAS,
LOS PRODUCTOS DE LAS EMPRESAS SON
PARCIALMENTE DIFERENCIADOS,
Y NO HAY BARRERAS A LA ENTRADA.

●

DOS CARACTERÍSTICAS IMPORTANTES DE LA
COMPETENCIA MONOPOLÍSTICA SON:
LA PUBLICIDAD Y
OTRAS FORMAS DE COMPETENCIA
NO RELACIONADAS CON LOS PRECIOS
Y EXCESO DE CAPACIDAD.

•

EN UN OLIGOPOLIO:
HAY UN NÚMERO PEQUEÑO
DE EMPRESAS GRANDES;
CADA EMPRESA PRODUCE UN PRODUCTO
PARCIALMENTE DIFERENCIADO; Y
HAY BARRERAS PARA ENTRAR EN LA INDUSTRIA.

•

LAS CARACTERÍSTICAS IMPORTANTES
DE UN OLIGOPOLIO SON:
INTERDEPENDENCIA,
EL DESEO DE EVITAR LA COMPETENCIA DE PRECIOS,
Y POLÍTICA DE PRECIOS DE LIDERAZGO.

— Y, finalmente, discutimos la economía internacional.

●

LA TEORÍA DE LA VENTAJA COMPARATIVA

DEMUESTRA QUE TODOS GANAN

CUANDO LOS PAÍSES SE ESPECIALIZAN

EN LO QUE PUEDEN PRODUCIR

CON MAYOR EFICIENCIA

E INTERCAMBIAN ESTOS PRODUCTOS

POR LOS QUE NO PUEDEN PRODUCIR

CON EFICIENCIA.

●

EL ACUERDO DE BRETTON WOODS,
EN ESENCIA, DETERMINÓ
QUE EL DÓLAR DE LOS ESTADOS UNIDOS
FUERA LA MONEDA INTERNACIONAL.
DE AHÍ EN ADELANTE, CASI TODAS
LAS TRANSACCIONES INTERNACIONALES
SE HICIERON, Y AÚN SE HACEN, EN DÓLARES.

●

EN AGOSTO DE 1971, LOS ESTADOS UNIDOS
RESCINDIERON SU COMPROMISO
DE CAMBIAR DÓLARES POR ORO.
ESTO PRODUJO EL EFECTO NETO
DE DESMONETIZAR EL ORO
Y CONVERTIRLO EN UN BIEN
COMO CUALQUIER OTRO CON QUE
SE COMERCIA EN EL MERCADO
Y CUYO PRECIO ES DETERMINADO
POR LA OFERTA Y LA DEMANDA.

•

LAS ALTAS TASAS DE INTERÉS:
DESESTIMULAN LA INVERSIÓN INTERNA
Y HACEN AUMENTAR EL VALOR DEL DÓLAR.
ESTO INCREMENTA LAS IMPORTACIONES
Y DISMINUYE LAS EXPORTACIONES,
LO CUAL NOS CUESTA EMPLEOS.
TODO ESTO NOS PRODUCE
DÉFICITS EN LA BALANZA DE PAGOS, LOS CUALES
SE FINANCIAN CON INVERSIONES DEL EXTERIOR.

— ¿Cuánto tiempo te tomó esto?

— Sólo unos pocos minutos.

— Muy bien, Robert. Me da la impresión de que hemos creado un *economista instantáneo*. Vuelve a verme dentro de unos años. Ya entonces habrás entendido realmente por qué es importante todo esto. Y dale mis recuerdos a tu padre.

— Lo haré, de veras, señor. Y gracias nuevamente por su tiempo.

Ya entonces el profesor había oprimido un botón del televisor y estaba encendiendo nuevamente su pipa. "Hospital General" acababa de comenzar. Salí de su oficina sin hacer ruido.

Epílogo

Sabía que debía irme a casa. Al fin y al cabo, tenía una entrevista por la mañana para un empleo. Pero, simplemente, no tenía la fuerza de voluntad para abstenerme de entrar a Joe's Campus Bar. Estaba atestado, y de un traganíquel salía a todo volumen "Thriller" de Michael Jackson. Pedí una cerveza y contemplé el escenario. Una vieja costumbre.

Más allá, en una mesa situada en un rincón, había varios estudiantes de la clase del profesor Marshall — Becky incluida. Estaban hablando de algo animadamente, y yo estaba indeciso respecto de unirme a ellos. De algún modo tenía que encontrar la forma de entablar una conversación. Saqué mis notas. Allí estaba: Para maximizar utilidades, produzca en donde el ingreso marginal sea igual al costo marginal. A lo mejor esta noche iba a resultar tan interesante como lo fue el día. Con toda la serenidad de que me pude armar, me dirigí a la mesa.

— Hola — le dije a Becky —. Soy Bob Smith, el tipo que estuvo hoy en la clase del profesor Marshall, ¿recuerda?

— Claro que sí. ¿Cómo le va?

— Pues...bien. Ah...¿Sabe, Becky? yo no ví mucha economía antes, y me preguntaba si usted me podría ayudar con esta cosa.

— Bueno, eso depende.

— Es ese asunto del ingreso marginal y del costo marginal. No estoy seguro de entenderlo.

— Ah, eso. En realidad es muy sencillo — dijo; luego sacó

de su bolso un sobre que me pareció extrañamente familiar — Funciona de este modo:

$$Si \; \pi = R(Q) - C(Q)$$

ENTONCES MAX DE π ES

$$\frac{d\pi}{dQ} = \frac{dR}{dQ} - \frac{dC}{dQ}$$

$$O$$

$$MR = \frac{dR}{dQ} = \frac{dC}{dQ} = MC$$

SI (Y SOLAMENTE SI)

$$\frac{d^2\pi}{dQ^2} = \frac{d^2R}{dQ^2} - \frac{d^2C}{dQ^2} < 0$$

Me levanté de la mesa, tratando de recuperar mi serenidad como fuera, y balbuceé:

— Bueno, quizás podría llamarla a usted en alguna oportunidad. Pero me temo que no alcancé a oír su apellido.

— Marshall. Becky Marshall — me dijo.

Lectura adicional

Quien desee ahondar en los detalles de todo esto encontrará en las siguientes obras una lectura amena e instructiva.

Economics: A Tool for Understanding Society de Tom Riddell, Jean Shackelford y Stephen Stamos, Jr. (Addison-Wesley, 3ª. ed., 1985) es un tratamiento exhaustivo de la economía, cuya lectura resulta estimulante por su lucidez y por la forma tan desembarazada en que está escrito. La guía de estudios que lo acompaña, *Studying and Thinking about Economics and Society* de John Charles Pool (Addison-Wesley, 1985), está escrita en el mismo estilo.

The Worldly Philosophers de Robert Heilbroner (Simon & Schuster, 1980), trata de manera muy amena la historia de todo lo discutido; y usted puede encontrar el punto de vista conservador, argumentado en forma persuasiva, en *Capitalism and Freedom* de Milton Friedman (University of Chicago Press, 1962).

Además, puede encontrar una explicación detallada de la posición oficial con respecto a la política económica en *The Economic Report of the President*, disponible anualmente en la U. S. Government Printing Office. Algunas otras obras recientes que abordan diversos aspectos del tema en forma amena son: *Dangerous Currents* de Lester Thurow (Random House, 1983), *An Inquiry into the Poverty of Economics* de Kenneth Jameson y Charles Wilbur (University of Notre Dame Press, 1983), y *The Next American Frontier* de Robert Reich (Times Books, 1983). El sector internacional es dilucidado en forma divertida por Adam Smith (también conocido como George Goodman) en *Paper Money* (Summit Books, 1981), lo mismo que en una versión más actualizada, *Debt Shock* de Darrell Delamaide (Doubleday, 1984).